À l'étoile la plus brillante de l'univers

Cette œuvre est tirée de faits réels.

Toute ressemblance avec des faits et des personnages existants ou ayant existé n'est absolument pas fortuite et n'est pas le fruit d'une quelconque coïncidence.

Ceux qui ont les mains et l'âme emplies de pourriture se reconnaîtront.

INTRO

Trop tard dans la nuit ou trop tôt le matin, sur la banquette arrière d'un taxi, je file vers mon quartier général. Pinceau dans une main et cigarette dans l'autre, je corrige mon trait d'eye-liner pour que mes yeux déjà sombres révèlent une nuance au-delà du noir. Je demande au chauffeur de pousser le volume au maximum, pour que l'instrumental de « Tallac » vienne couvrir la vibration de mes notifications incessantes. Vingt minutes de trajet ne sont pas de trop pour achever ma transformation. Car là-bas, il n'est pas question de paraître faible. Pour ne pas l'oublier, je remonte le fil du chemin parcouru tout en terminant d'ajuster les contours de mon rouge à lèvres.

Personne n'aurait misé un centime sur moi. Et me voici arrivée devant mon quartier général, où va s'écrire une page du Rap français.

Les immeubles haussmanniens de la rue de Ponthieu s'enchaînent, interrompus çà et là par un bar-tabac ou un restaurant italien à l'allure fatiguée. Le numéro trente-six apparaît comme une anomalie dans ce Triangle d'or conformiste. La façade, noire, discrète, est barrée de lettres d'un rose exubérant. Pink Paradise. Le trottoir est occupé majoritairement par des hommes. Ceux qui viennent de quitter le bureau, qui passent par là, les noctambules qui errent, les habitués qui sortent prendre l'air et, toujours, les quelques vigiles plantés à l'entrée. Souvent des touristes s'arrêtent, attirés par la devanture et la promesse d'une nuit spéciale.

Je connais tout le monde, et m'acquitte des accolades de rigueur. Joanna et Muratt Atik, les propriétaires (une femme d'affaires et son mari, un producteur-acteur), sont devenus des amis au fil des années et des collaborations. Mais s'ils m'ont accordé leur confiance en me laissant cette fois les clefs, s'ils m'ont permis de négocier dans leur « chez-eux » des contrats décisifs pour ma carrière, ce n'est pas par amitié ou charité. C'est par amour de notre métier, par amour de la caméra. C'est parce qu'eux aussi se sont construits en partant de pas grand-chose, qu'ils respectent les ambitions de ceux qui aspirent à s'en sortir. Au Pink Paradise, peu importe votre genre, votre tenue, votre décontraction ou vos moyens, seule compte l'instant présent. Les ego restent toujours à la porte.

Je descends l'escalier tapissé de miroirs pour rejoindre ma table. Si je dis « ma » table, c'est que Le Pink, avec ses plafonds en perles de cristal, sa somptueuse moquette rose poudré imprimée léopard et ses banquettes Chesterfield en velours rouge vigne, m'a vue grandir. J'ai eu beaucoup de premières fois dans cette institution : la première fête d'anniversaire célébrée avec des amis, la signature de mon premier deal, de mon premier livre – celui-ci même –, et mon premier « je t'aime » qui mènera à l'épreuve la plus importante de ma vie. Je connais tous les recoins de ce lieu, son histoire, les anecdotes qui ont fait sa réputation. Quel homme d'affaires ou politique y a ses entrées, quelle danseuse est partie et laquelle est la dernière arrivée, quel rappeur préfère quelle table et quel acteur préfère quelle fille. Dans les loges du Pink, j'ai une trousse avec ma brosse à dents… Mais surtout, je sais qu'à n'importe quelle heure du jour ou de la nuit je vais y trouver mes Vixens.

Malgré mon léger retard, j'arrive parmi les premières. J'en profite pour vérifier les listings et donner la feuille de service aux équipes déjà prêtes à commencer. C'est maintenant que je fraude mes doutes pour me hisser à la hauteur de mes ambitions et que je révise mon *scénario*. Car il faut souvent aider la vie à écrire le script de notre existence, la plupart du temps, cette garce manque d'inspiration pour les banlieusardes comme moi.

Mes collègues en coulisse attendent mes directives, je dois rester concentrée. De retour à ma table, juste devant le podium où performent les filles, je vois une d'entre elles me faire signe du haut de l'escalier que le van vient de se garer. Dans quelques minutes, l'artiste et son équipe vont nous rejoindre.

Cinq jeunes hommes, visages dissimulés sous des masques chirurgicaux et des lunettes sombres, tous vêtus du même survêtement noir au liseré siglé de trois lettres rouges, font leur entrée. Je serre fermement la main du premier qui se porte à ma hauteur.

— Bienvenue au Pink Paradise ! Mes équipes et moi-même sommes ravies de te rencontr…

— C'est pas moi l'artiste, c'est lui. Je suis son manager, on a échangé sur WhatsApp toi et moi.

À ma décharge, il est souvent difficile dans le métier d'identifier son interlocuteur : sur les réseaux, les avatars sont plus nombreux que les photos.

Les gens de l'industrie du Rap se déplacent à plusieurs. Le rôle de ces gars de l'ombre est d'être le trait d'union entre l'identité première de l'artiste, brute, et l'identité finale qu'un label aura lissée pour que le produit puisse être commercialisé. Le produit, c'est l'artiste. Notre jeunesse a du talent et ceux qui entourent les rappeurs ont su se professionnaliser avec le temps, développer leurs connaissances des maisons de disques, de la machinerie. Ils sont devenus managers, producteurs, directeurs artistiques, directeurs de labels.

L'artiste en question, grand et athlétique, s'installe à ma table, il retire sa capuche et ses locks – à l'époque bien plus courtes – tombent à peine sur sa nuque. Il se présente. C'est Gazo.

Malgré l'ambiance tamisée, la fumée de nos clopes, les canettes de RedBull et deux trois verres de sky, l'atmosphère est studieuse. Ce n'est pas un soir de fête, mais bel et bien une journée de travail. Il est un peu plus de sept heures et notre tournage ne doit plus tarder à débuter.

Une quinzaine de personnes composent notre équipe technique ainsi qu'une quarantaine de filles qui terminent de se préparer à l'étage, les agents de sécurité surveillant les accès, et deux chefs de projet du label installés au bar avec vue panoramique. Des amis de Gazo viennent compléter notre troupe, élevant l'effectif à une centaine de personnes.

Il fut un temps où je faisais partie des danseuses… *les Vixens*. Ce jour-là, je suis chargée de production et directrice de casting.

— Silence, plateau, moteur et action !

Bishop Nast, l'un des réalisateurs et photographe les plus respectés de sa génération (à vingt et un ans, il collaborait déjà avec Nike), lance les hostilités. Première scène : Gazo, rue de Ponthieu, devant l'établissement, salue ses acolytes d'un air déterminé, exactement comme il vient de le faire dans la vraie vie. Il entre et descend les escaliers légendaires du Pink, son reflet se démultiplie dans la galerie de miroirs. Nina attaque avec une figure périlleuse sur la barre de pole. Autour d'elle, une foule de jeunes gens, privilégiés de découvrir Gazo interpréter son titre en direct, dansent en jetant des billets. Sur le plan suivant, Margaux, juchée sur des talons vertigineux, fixe l'objectif de la caméra telle une cheffe de cartel du Soleil levant.

Le plan-séquence dont je suis le plus fière, c'est celui qui réunit toutes mes Vixens à l'image. En rang, en armure de lingerie noire, elles soutiennent fièrement le regard des hommes qui les observent. Leur performance incarne visuellement l'univers du titre. Océane et Nina. Laura et Margaux. Des femmes aux parcours très différents. Des beautés que vous ne verrez pas dans les magazines, mais que vous reconnaîtrez dans votre glace. Elles ressemblent à votre sœur, votre fille, votre épouse, votre voisine, votre patronne, votre boulangère. Debout sur une chaise, à côté de Bishop qui dirige l'action de Gazo et ses gars, je n'ai d'yeux que pour « mes filles ».

Callipyges, impertinentes, belles et puissantes.

Le tournage durera dix-huit heures. Une semaine de post-prod plus tard, « A$AP » déferle sur la France. Malgré sa censure, le clip score aujourd'hui à plus de dix millions de streams. La mixtape *Drill FR* se révélera être un classique du Rap contemporain, un des exemples les plus aboutis de la drill[1]. C'est aussi l'une des réalisations qui, à mon sens, montre le plus les Vixens françaises dans leur grande diversité.

Incontestablement, ces dernières jouent un rôle important dans la représentation visuelle de notre culture, ces milliers de clips, ce long « film » qui se tourne depuis des décennies, et, pourtant, leurs noms demeurent invisibles aux génériques. De là est partie ma réflexion sur notre histoire passée, celle à venir et l'urgence de la révéler. Une ultime bataille, la plus ardue, pour conclure cette guerre de reconnaissance face à une industrie sourde et aveugle. Une bataille que je crains perdue d'avance. Le Rap n'est pas la seule ressource des Vixens, s'il n'y avait pas ça elles se produiraient dans les clubs ou les cabarets. Ces égéries ont de toute évidence participé à diffuser les codes du hip-hop. Que serait ce genre sans elles, si ce n'est des hommes faisant de la musique pour d'autres hommes en occultant 50 % de leur public ?

Le Rap a besoin des Vixens, bien plus que les Vixens ont besoin du Rap.

Il y a onze ans, j'ai forcé le passage et suis devenue la première – et aujourd'hui encore la seule – directrice de casting

1. Genre musical appartenant au courant hip-hop originaire de Chicago, qui se caractérise par un rythme irrégulier. *(Toutes les notes sont de l'éditeur.)*

du Rap français. J'ai professionnalisé ce métier et encadré le travail des figurants, en particulier celui des Vixens. Durant ces années de carrière, j'ai rencontré à peu près toutes les personnalités du milieu. Ainsi que toutes les petites mains : les photographes, les réalisateurs, les chefs de projet, les techniciens régie, les managers, les chargés de production, les assistants réal, les makeup artists, les stylistes. Les artisanes et artisans du Rap.

J'ai vu des femmes trouver une famille dans ce milieu, se réaliser. J'en ai vu d'autres sortir amochées de chambres d'hôtel. J'ai connu des femmes qui y ont perdu la vie.

Pendant onze ans, j'ai gardé le silence, tandis que me parvenaient de plus en plus de témoignages de survivantes dénonçant divers abus. J'ai prodigué tous les conseils que je pouvais (porter plainte, se rapprocher des associations en mesure d'accompagner les victimes…) mais, hélas, je crains qu'aucun de mes conseils ou de mes mots n'aient réussi à venir en aide ne serait-ce qu'à une seule femme, qui n'avait pourtant que cela pour tenter de se réparer.

Les femmes comme nous sont des circonstances atténuantes idéales, un passe-droit pour ceux qui ne voient en nous qu'un produit à consommer. Ils savent qu'ils peuvent tout oser, cracher leurs perversions en toute impunité.

Car franchement, qui peut croire en la parole d'une Vixen ?

CHAPITRE I

À l'orée de ma vie, tout n'est que luxe, calme et volupté. J'évolue dans un milieu de notables. Là où mon regard d'enfant se porte, ce ne sont que meubles laqués, moulures, hauts plafonds, cheminées de marbre noir dans les innombrables pièces de notre appartement haussmannien. Je hume l'air de Wahrān El-Bāhia, Oran la Radieuse. La plus latine des villes africaines. Comme notre cher Albert Camus aurait dû dire, la cité elle-même a l'allure de la plus belle ville du monde. Une guerrière venue à bout de l'occupation espagnole et des aspirations colonisatrices et génocidaires françaises. Oran, une mère sacrifiant des hectolitres du sang de ses fils, tel a été son lourd tribut pour gagner sa liberté. La beauté séditieuse de l'indigène surpassait-elle à ce point celle d'Eugénie pour que Charles Louis Napoléon Bonaparte mette tant de hargne à conquérir l'Algérie ? Certains ont tourné la page, sans jamais la déchirer. Oran n'appartient qu'à ses enfants. Une métropole dont les heures sombres ont donné une force incommensurable à son peuple. Car l'histoire n'a qu'un seul héros, le peuple.

Oran est une femme. Une femme libre comme la brise qui souffle sur les hauteurs de Santa Cruz. Une femme libre de chanter les cheveux lâchés, dans l'un des cabarets de la vieille ville, ceux qui ont tant inspiré le roi du raï, Cheb Hasni.

Les somptueuses réceptions de M. le consul de France, ami de la famille, et rythment mon enfance dans le cadre enchanteur d'une Californie orientale.

Cependant, l'héritage le plus précieux que mes parents m'ont transmis est notre histoire familiale. Je suis la petite-fille d'Ahmed, mort en martyr, abattu par l'OAS[1] devant ses enfants. Je suis la petite-fille de Paul, soldat allemand fait prisonnier en 1916, ayant servi la France en passant vingt et un ans dans la Légion étrangère.

Je suis issue des parties d'échecs ratées des hommes qui ont fait notre monde, ceux-là mêmes qui ont envoyé des enfants de dix-huit ans mourir loin de leur mère dans des conflits ineptes.

Toujours, les uns après les autres, nous héritons des douleurs de la guerre et de ses conséquences.

Une décennie noire nous contraint à choisir entre la valise et le cercueil. Nous quittons l'Algérie pour la région parisienne, sans adresse, l'année de mon sixième anniversaire. Les diplômes de mes parents, qui occupaient des postes importants de directeurs financiers sur l'autre rive de la Méditerranée, ne suffisent pas à reconstruire notre confortable vie d'avant l'exil. Ma mère se tue la santé dans

1. Organisation de l'armée secrète. Cette organisation terroriste et clandestine française, proche de l'extrême droite, avait pour but de maintenir la présence coloniale française en Algérie.

de petites besognes qui nous rapportent huit cents euros par mois pour une vie de privations à trois. Elle, qui jadis s'en allait en tailleur Saint Laurent diriger des équipes dans les plus grosses entreprises pétrolières algériennes, est désormais contrainte de nettoyer les commodités des bourgeois pour nourrir sa fille. Mon père, reconverti en homme au foyer, apprend à me coiffer et, sans même s'en rendre compte, bouscule positivement les codes de l'éducation.

Mes parents se sacrifient pour que je ne manque jamais de l'essentiel. Pas besoin de s'appesantir sur les détails sordides de notre grande précarité. De fait, ils se privent de repas pour que je mange à satiété et de confort pour que je dorme dans un lit. D'un jour à l'autre, je fais preuve d'inventivité, prétextant des vacances chez une tante que je n'ai pas pour échapper aux coûteuses classes de mer, trafiquant mon cahier de liaison lors des demandes d'achats divers impossibles à effectuer. Je fais tout pour ne pas humilier mes parents. Enfant, je ne rêve pas de devenir chanteuse ou de rencontrer un prince charmant, je rêve d'avoir de l'argent afin de les mettre à l'abri et leur éviter cette vie de privations. Je crois encore que le bonheur peut s'acheter. J'aspire à ce que les apparences soient belles, car les gens ne jugent que par elles…

Je suis une gosse de vieux et mon infirmité est d'être fille unique. Mes parents m'ont eue trop tard, et je passe une partie de mon enfance, dans une relative solitude, à lire beaucoup. Sagan principalement. Je noircis mes cahiers d'écolière puis de collégienne pour tâcher de l'imiter. J'aime tout chez elle. Sa prose, sa tristesse, son humour incendiaire, son goût farouche de la liberté. J'aime m'échapper à travers les mots, et m'imaginer d'autres mondes possibles. Cette solitude est autant choisie que contrainte. Je peine à m'intégrer à la banlieue cossue des Hauts-de-Seine où nous avons atterri, un peu par hasard. Dire que je peine est un euphémisme. Je suis rejetée par la plupart de mes camarades, violemment. Trop pauvre, trop arabe. Dès le CP, je découvre un racisme décomplexé et sa brutalité devient mon quotidien. Pourtant, à cette époque, je tente de cocher toutes les cases et de jouer la petite fille modèle. Je pratique la natation de façon intensive, me fais repérer par le Département et décroche une bourse et une classe à horaires aménagés qui me permet de participer à de nombreuses compétitions. Grâce à mon aptitude pour le solfège, j'obtiens une autre bourse pour financer une formation au conservatoire. Si élèves et voisins continuent de se moquer de mon apparence, si mes parents subissent toujours le mépris de classe, l'ambition de les rendre heureux ne me quitte jamais. Au passage de tous mes efforts, je développe grâce à la pratique du sport et de la musique le goût du travail, de l'endurance et de la ténacité. Je ne suis riche que de mon temps, alors « je me cultive comme une ortie parmi les roses ». Booba a raison : « Du sang royal dans les veines, premier en sport et en chant. » Les mots du Duc se conjuguent avec ceux de Voltaire. Il faut cultiver notre jardin, car « le savoir est une arme ».

*

J'ai douze ans lorsque je sens changer sur moi le regard des hommes. C'est la fin des vacances d'été, je suis bronzée, mes cheveux ont encore les reflets dorés des semaines passées sous le soleil d'Oran la Radieuse. Le retour sur les bancs du collège se fait en douceur, et pourtant, mais je ne le sais pas encore à l'époque, c'est le dernier souvenir d'innocence qu'il me restera. En quelques mois, la nature m'a gâtée d'un tour de poitrine trop généreux pour mon corps frêle de petite fille. Des formes plantureuses se sont invitées sur ma silhouette, pour mon plus grand malheur. Certains me sifflent et, de temps à autre, même des enseignants ou des surveillants essuient sur moi des coups d'œil lubriques et autres compliments douteux.

Je ne suis alors qu'une enfant et ne comprends rien au désir de ces adultes.

Puis, les années passent et arrive le tour de mes camarades. Leurs regards viennent s'additionner à ceux de leurs aînés. Les adolescents manifestent leurs pulsions différemment, avec maladresse, gêne, moquerie… mais aussi avec une grande violence. Insultes et humiliations publiques deviennent mon lot ; le corps enseignant en a largement connaissance, quand il n'y participe pas lui-même. Mon professeur d'espagnol, pour faire rire toute la classe, prend l'habitude de m'appeler « la beurette », voire « la pute ».

J'ai quatorze ans.

Naturellement, ces charmants quolibets déclenchent tout un tas de complexes. Mon nez est trop long, mon front trop grand, ma poitrine trop grosse. Tout mon corps, mais aussi mes gestes et mes paroles deviennent prétextes aux railleries. Chaque jour, je vis l'enfer. Mais je ne m'en plains pas. Je n'ai de toute façon personne à qui me confier.

Bien souvent, le dimanche surtout, j'espère mourir pour ne plus vivre un lundi de plus.

En revanche, je ne subis jamais une attaque sans riposter, courber la tête étant contraire à mon tempérament. Il me faudra grandir pour comprendre que parfois nous devons nos échecs à nos proches et nos réussites à nos adversaires. Indéniablement, c'est grâce à la cruauté des petits-bourgeois de mon adolescence que je gagne mon sens de la repartie, du sarcasme et de l'autodérision, que j'apprends à me montrer solide en niant ma peur. Pour une petite banlieusarde, l'échafaud des cours de récréation des Hauts-de-Seine est le meilleur centre de formation pour faire face au peloton d'exécution qu'est l'industrie du Rap.

*

À l'époque, mon expérience du travail – acquise grâce à Anne-Marie et Thierry, un couple d'agriculteurs généreux et attentionnés –, c'est la vente de pommes et de poires sur le marché. Cinquante euros pour cinq heures de criée. Un jour, entre deux cours de troisième, une des rares camarades à m'insulter moins que les autres me parle d'un photographe qui cherche une modèle. *Profil souhaité : dix-huit/vingt ans/brune/poitrine généreuse.* Évidemment, cette fille a tout de suite pensé à moi, la beurette de l'école.

Par curiosité d'abord, puis par nécessité pécuniaire, j'accepte d'ouvrir la porte que le destin a mise sur mon chemin. La première fois, il s'agit de se rendre disponible quatre petites heures, de prendre des poses assez simples et d'empocher l'argent. Mille trois cents euros. Grâce à ce shooting, pour des photographies suggérant ma nudité sans la révéler, à seulement quatorze ans, je gagne presque le double du salaire mensuel de ma mère. Toujours payée en cash, j'économise une partie de mes gains, que je planque dans *Au bonheur des dames* d'Émile Zola. L'autre moitié me sert pour la vie quotidienne, mes premiers restaurants, mes premiers vêtements neufs. J'essaie de rester discrète. Je sèche suffisamment pour gagner pas mal, mais pas assez pour être exclue. Et les fitting, shootings et autres tournages remplacent peu à peu mes journées de collégienne.

Personne n'a jamais vérifié mon âge, sur aucun shooting...

Pendant quatre ans, j'ai dix-huit ans.

Un après-midi au lycée, écouteurs aux oreilles, j'entre dans la salle informatique d'un pas traînant. Je ne remarque pas immédiatement que les élèves me fixent d'un air goguenard. Il me faut quelques secondes pour jeter un œil aux écrans d'ordinateur qui sont au fond de la pièce. Une photo d'un de mes shootings, prise pour un calendrier s'inspirant du Pirelli, est affichée sur chaque écran. Mes parents sont convoqués par l'académie de Versailles, et c'est ainsi qu'ils découvrent ma double vie. Et puisque les rumeurs courent toujours plus vite que la vérité, deux semaines plus tard, ma mère se fait licencier par son employeur. Il prétexte sa retraite qui approche, mais j'ai su par la suite que c'était à cause de mon petit boulot inconvenant. La déception dans les yeux de mère me fait comprendre que reculer n'est plus une option envisageable ; si je n'ai plus rien à perdre, alors j'ai tout à gagner. Mes parents font de leur mieux pour me cadrer et surveiller mon emploi du temps, mais je suis maligne et ma soif de m'en sortir est inextinguible.

Du prêt-à-porter à la lingerie haut de gamme en passant par quelques expositions en galerie, je fais mes armes en tant que modèle. Je me familiarise peu à peu avec les codes de la mannequin éditoriale[1], en faisant des photos pour des agences, des magazines ou des campagnes publicitaires. Si les critères de sélection ne sont pas les mêmes que pour les mannequins de podium, il n'en reste pas moins qu'il s'agit d'un microcosme fréquenté par des femmes majoritairement maigres, grandes, blanches et obsolètes passés vingt-cinq ans. Ce milieu sexualise allègrement ses jeunes modèles. Mais tout le monde ferme les yeux et le résultat est souvent jugé « artistique ». Dans tous les cas, une mannequin avec quelques formes, noire ou arabe, sera jugée vulgaire ou, dit en des termes plus politiquement corrects, « ne correspondant pas à l'image de la marque ». Je ne croise d'ailleurs jamais ces années-là une femme arabe, une femme noire, une femme asiatique lors de mes shootings. Je suis le quota « beurette » acceptable et, suivant les consignes des équipes, je prends l'habitude de lisser mes boucles et de choisir un fond de teint un ton plus pâle.

Au-delà de l'argent que je rapporte à la maison, je fais aussi et surtout ces photos pour tenter de me réapproprier un corps qui ne m'appartient déjà plus, tant les autres l'ont commenté. Les filles de ma génération, aux origines plurielles, n'ont simplement pas d'exemples de femmes – actrice, mannequin, chanteuse, journaliste, femme politique ou

1. La mannequin éditoriale prend part à des campagnes de mode, des campagnes publicitaires, et coche les cases des standards de beauté occidentaux.

autre symbole médiatique – leur ressemblant. Je prends conscience très tôt que c'est à nous de forcer le passage pour incarner des standards de beauté différents.

Un jour, un photographe avec qui je travaille m'appelle pour m'annoncer une bonne nouvelle. Une de nos photos va être publiée dans *Playboy*. Lorsque je l'apprends, me revient le souvenir de l'année de mes huit ans. Un mercredi après-midi, alors que je jouais avec des voisines en bas de l'immeuble dans notre banlieue huppée, nous sommes tombées sur un carton abandonné à côté du local poubelles. À l'intérieur, les revues pornographiques dégoûtantes et usées ont réussi à distraire mes copines. Ce qui n'est pas très étonnant : à l'époque, nous n'avions pas accès à ce genre de contenu en un clic. En revanche, mon attention s'est portée sur un exemplaire de *Playboy*, au papier glacé immaculé, qui détonait avec les vieilleries du tas. Au fil des pages, je découvrais de magnifiques femmes qui avaient le même visage et les mêmes seins en plastique que mes poupées Barbie. Ça n'était pas leur sensualité, mais le fait qu'elles étaient filiformes, blondes et blanches qui m'a frappée. La première idée que je me suis donc faite de ce qu'était la beauté aux yeux des garçons était que ça n'était tout bonnement pas moi. Je me suis mise alors à contourner les codes, en coupant les cheveux de mes Barbie et en leur préférant un Action Man comme amoureux plutôt qu'un Ken. C'est à ce moment, je crois, que pour la première fois je l'ai entendue. La petite voix dans ma tête qui m'a dit : « Ne t'inquiète pas, tu vas y arriver. »

Quand le photographe m'annonce la bonne nouvelle, je chuchote à la gamine que j'étais : « Tu te souviens, je te l'avais promis. Maintenant, continue. »

Cette voix, dont j'ignorais le potentiel, m'accompagne encore aujourd'hui.

CHAPITRE II

TOMMY HILFIGER
TOMMY HILFIGER

C'est grâce à un photographe de talent que mon histoire commence. Alors que j'entame mon lycée, un nom, associé à des campagnes que j'aime bien, revient souvent. Hout Kov a le genre de parcours qui me plaît, celui d'un autodidacte dont les parents sont venus d'ailleurs. Un jour, dans un mélange de candeur et d'audace propre à la jeunesse, je me décide à lui écrire.

« Bonjour Monsieur, j'aime beaucoup ce que vous faites. J'ai déjà quelques shootings à mon actif. J'aimerais beaucoup travailler avec vous. »

« Merci de votre intérêt pour mon travail. Je vous prie de bien vouloir trouver ma grille tarifaire. Bien à vous, Hout Kov. »

J'espérais me faire payer et c'est lui qui me demande de l'argent. Clairement, mon profil ne l'intéresse pas. Ma surprise est donc très grande quand je reçois ce message de sa part, deux mois plus tard :

« Salut, comment ça va ? J'ai une annulation demain. Si tu es dispo entre treize et quinze heures, je t'envoie l'adresse. »

Je suis surprise et enchantée par cette opportunité.

Si j'aime autant collaborer avec Hout, c'est parce que sa définition de la beauté est universelle. Elle rend obsolète mes poupées Barbie d'enfant. En faisant défiler son portfolio, on voit des femmes *vivantes*. En sublimant leurs formes, il souligne que la féminité peut être puissante et virile. Elles posent en dentelle avec des gants de boxe, ou hilares avec des battes de baseball. Elles ont tous les âges, certaines presque cinquante ans. Devant ces images, je me sens pour une fois représentée.

Alors je n'hésite pas longtemps, laissant derrière moi la perspective d'un cours de maths où les équations se mêleraient aux insultes.

En arrivant chez lui, au dix-septième étage d'une tour du treizième arrondissement de Paris, je me sens très maligne de refuser le café que me propose cet inconnu. J'ai quinze ans, et la méfiance vient souvent à rebours. Qu'est-ce que je fais là, sur le canapé d'un homme que je ne connais pas, sans l'avoir dit à personne ?

— J'ai reçu de nouveaux objectifs et des lumières que je dois tester. Tu peux aller te préparer dans la salle de bains, choisis ce que tu as envie de porter, m'indique Hout.

Je tente de reprendre contenance en me dirigeant vers la petite pièce au bout du couloir. Parmi les tenues que j'ai préparées la veille, j'opte pour un quelconque sweat *oversize* noir. J'essaie de gommer mes traits juvéniles par un peu de mascara et de rose à lèvres, en espérant avoir l'air d'une fille de dix-neuf ans. Je le rejoins dans son salon qui lui sert de studio et enchaîne les poses en veillant à rester sans expression, comme me l'a appris mon expérience dans le mannequinat. Pour la dernière série, Hout me demande de sourire. C'est plus impressionnant que s'il m'avait demandé de me dénuder.

— Euh, mais je ne suis pas à l'aise. En fait, quand je souris, mon nez paraît plus gros et…

— Ha ! Oui, ça, j'ai vu que tu n'étais pas à l'aise. Tu as passé la séance à tenter de cacher ton visage derrière ta frange, en faisant prendre à ta tête un angle bizarre. Tu vas te réveiller avec un torticolis, demain !

Hout s'arrête. Hout m'explique. C'est le premier professionnel que je rencontre qui prend le temps de me détailler sa démarche artistique. Il fait un travail de joaillier, car, dit-il, toutes les femmes sont des pierres précieuses et un bon photographe se doit de trouver les ornements adaptés pour les révéler. Ne sachant pas trop quoi répondre – personne ne m'a jamais comparée à une pierre précieuse –, je souris sans réfléchir, un vrai sourire avec les dents. Un flash crépite. Hout laisse échapper un rire satisfait avant de me tendre son appareil.

C'est la première fois de ma vie que je me trouve belle.

Avant de partir, je prends mon courage à deux mains pour évoquer ce qui me préoccupe depuis la découverte de son travail.

— Hout, pardon, les filles que tu prends en photo, là…

— Lesquelles ? C'est surtout des filles que je prends en photo, répond-il.

— Celles en lingerie, avec des formes, des accessoires…

— Ah, les Vixens ?

Je n'ai jamais entendu ce mot, mais à mon oreille le son du *X* siffle comme le tranchant d'une épée.

— Les Vixens ? C'est quoi ?

— C'est un terme qui vient des States. Littéralement, ça veut dire « renardes ». En argot ça se traduit aussi par « mégères », dans le sens de « femmes fatales ». De nos jours, on appelle comme ça les égéries de la culture hip-hop.

La curiosité monte en moi.

— Est-ce qu'on peut tenter une série style Vixen ?

— *Let's go !* lance Hout en me regardant avec une profonde gentillesse.

Je n'ai pas grand-chose sous la main, si ce n'est un ensemble de lingerie noir et une paire de bas que j'enfile d'un geste hésitant. En revenant dans le studio, j'aperçois un drapeau américain qui dépasse d'une malle. Je m'enroule à moitié dedans et je couvre ma tête d'une casquette à l'effigie des Braves d'Atlanta. Pour la première fois de ma vie, j'entrevois mon potentiel. Je me sens à l'aise. Je me sens forte. Je me sens belle. Cela demeure aujourd'hui ma définition la plus juste de ce qu'est une Vixen. Ne pas être un accessoire, mais rendre le décor accessoire.

Quelques jours après, Hout m'apprend que cette ultime série a été achetée par un de ses clients, le Club Haussmann, un lieu à la mode du neuvième arrondissement de Paris. Dès lors, nos collaborations s'enchaînent. Hout m'alerte sur les écueils du milieu. Le genre de discours que je tiens aujourd'hui aux plus inexpérimentées de mes consœurs : « Reste concentrée, ne salis pas ton nom. Ne te mets pas en danger, autrement dit, ne bois pas d'alcool et ne consomme pas de drogue. Si un jour tu as un problème, parle. À moi ou à une autre modèle, mais ne garde pas cela pour toi. » Ma vie n'est, à cet instant, pas encore abîmée par trop de mauvaises rencontres. Le jour où je rencontre Hout, je ne mesure pas la chance d'avoir trouvé un frère au bon moment. Un frère qui ne me quittera jamais, qui est encore là à mes côtés.

De temps à autre, en me rendant au studio de Hout, j'aperçois ce que je devine être des Vixens. J'adore tout chez elles : la beauté, l'exubérance, les gigantesques faux cils soulignant leurs regards de biches et les manucures acérées de lionnes. La manière de marcher, d'occuper l'espace. Leur gouaille et leur verve quand elles s'expriment plus fort que les hommes qu'elles intimident par leur charisme. Et je devine une sororité qui me fait défaut dans le mannequinat où la concurrence est féroce. Un jour, l'une d'elles retient la porte de l'ascenseur duquel je viens de sortir. Elle me dit :

— Oh, ça va ma chérie ? Tu es trop belle, meuf. Toi, tu vas faire des trucs de ouf ! Hâte de voir ton shoot !

D'une certaine façon, ce jour-là, une Vixen m'adoube.

*

Un an après le début de ma collaboration avec Hout, il poste une annonce sur Facebook qui attire instantanément mon attention :

« Urgent : cherche modèle, style Vixen, pour un clip de Rap. »

— Hout ! Mets-moi sur le casting, s'il te plaît.

— Le clip ? Mais tu vas te griller. Les agences qui te représentent ne vont pas apprécier. C'est pas très judicieux, t'en as conscience ?

J'insiste, parce que je veux au moins tenter, voir. Je suis alors loin de m'imaginer que ce choix, fait sur un coup de tête à seize ans, va changer radicalement ma vie. Y apporter autant de joie que de blessures, autant d'amis que de serpents. « Des averses de bonheur, des cyclones de douleur. »

Enfant, je connais de la musique la rigueur du conservatoire. Mais une nuit d'été d'insomnie et de langueur, de l'autre côté de la Méditerranée, où je n'ai accès qu'à deux chaînes de télévision francophones, j'ai regardé l'intégralité d'un concert de Booba. Certaines des phrases entendues ce jour résonnent encore en moi :

« J'aime une femme, elle m'a donné le sein. M'a appris à m'tenir, à différencier l'Homme et le chien. »

« Chez nous la haine elle est mieux. Le ciel joue à cache-cache. Le destin se fait vieux. »

« Si t'as pas d'raison de vivre, trouve une raison de crever. »

Booba parvient à extraire l'essence même de la beauté, là où la plupart des gens ne voient que de la vulgarité. À la manière d'un Charles Bukowski dans ses romans.

À la même période, je découvre une rediffusion d'un live de Diam's, debout sur un piano, performant « Petite banlieusarde ». Son éloquence est parfaite, sa fureur communicative. Sa plume tutoie la Pléiade. Surtout, je vois une fille qui me ressemble à la télévision, une artiste qui témoigne ainsi de ma réalité. Immédiatement je m'identifie, bouleversée. Je comprends soudain que le Rap est là pour cliver, déranger, pousser à la réflexion. L'aboutissement entre musicalité, révolte et poésie. Le « huitième art ».

Il y a une dizaine d'années, le Rap est certes déjà populaire, mais il est encore destiné à un public assez connaisseur.

Les grands noms de l'époque sont Booba, Kaaris, Rohff, La Fouine, Ateyaba, Guizmo, Niro, Lacrim. Et sans que nous le sachions alors, nos playlists d'hier deviendront les classiques d'aujourd'hui. Les ventes physiques déclinent fortement, mais l'industrie n'est pas tout à fait morte. Le streaming est de plus en plus utilisé et désarçonne les majors qui perdent de l'argent. Les budgets sont extrêmement serrés et les Vixens, de ce fait, à peine payées.

À cette époque, je ne connais alors rien de ce monde.

*

RER B. Station La Plaine-Stade de France.

Aux premières heures du jour. Sur le quai, j'aperçois une fille à l'allure atypique, qui me fait penser aux Vixens de Hout. D'ailleurs, je crois l'avoir déjà vue sur un tirage photo au studio. Interminable chevelure blonde polaire, manucure multicolore de la longueur d'un cure-dent à chaque doigt, faux cils qui tiennent plus du faux que du cil et rouge à lèvres débordant intentionnellement pour épaissir une bouche déjà bien injectée. Je m'interroge quant à sa poitrine et ses fesses qui doivent l'empêcher de dormir aussi bien sur le ventre que sur le dos. Je l'apprendrai plus tard, Solange a alors trente-deux ans, mais en paraît dix de moins.

— Hey toi, tu vas au clip ? me lance-t-elle.

— Moi ?

— Ben oui, toi. On y va ensemble ?

— Comment tu sais ?

— Tu as cet air paumé d'une fille qui va à un tournage. Tu en as déjà fait ?

— Oui, bien sûr.

Je ne sais pas pourquoi je mens, sans doute pour faire ma grande. Sur le chemin, je l'interroge comme une gosse, fascinée. « Ils sont bizarres tes ongles, ils sont tellement longs, tu galères pas ? Tu as fait de la chirurgie ? T'as refait tes seins ou ils sont naturels ? Ça fait longtemps que tu fais ça ? Tu as tourné avec qui ? Tu as quel âge ? »

— Et toi, tu as quel âge ? me dit-elle en fronçant les sourcils.

— Dix-neuf.

— C'est ce chiffre que tu donnes aux gens ?

— C'est mon âge.

— Ah ouais, tu es née en quelle année ?

J'hésite, elle sourit.

— Ma chérie, un mensonge, ça se prépare.

Je m'attends à débarquer dans une cité, je découvre un magnifique loft qui fait face au Stade de France. L'artiste, je ne le connais pas à cet instant. Plus tard, il deviendra un frère. Plus tard encore, il cessera de l'être : dans cette industrie, quelques zéros sur un contrat peuvent réussir à faire voler en éclats des années d'amitié. Ce jour-là, il m'ouvre la porte et nous accueille chaleureusement, Solange et moi. Sur place, il y a déjà deux autres Vixens, l'équipe de production et les amis de l'artiste, soit une quarantaine de personnes au total. Le set est d'une grande sobriété. Les quelques néons colorés et autres petites caméras contrastent fortement avec les moyens des plateaux de photographie que je viens de quitter. Les gens de l'éditorial auraient crié à l'amateurisme. Dans le Rap, surtout avant 2016 qui marque un tournant, nous le verrons, l'art de la débrouille est la règle. Pour la plupart des productions, il s'agit de faire illusion avec des budgets minuscules.

L'environnement est majoritairement masculin, l'accueil très courtois. On me propose de me restaurer, on me demande si je me sens à mon aise. Ma scène est prévue en lingerie, et c'est la première fois que je me dévoile devant autant d'inconnus. Même si les trois autres Vixens ne me parlent pas beaucoup, l'ambiance est cordiale. Avant le tournage, un manager prend plusieurs clichés de nos préparations en *backstage* pour les réseaux du rappeur. Je pose en tenue légère à côté de l'artiste, il poste la photo sur Twitter. Je m'inquiète à l'idée que mes camarades la voient, s'en servent pour me harceler plus encore. Mais je ne dis rien.

Un peu perdue, j'observe Solange. Elle ne semble pas avoir une minute à perdre. Elle appuie sur le chronomètre de son téléphone dès qu'elle commence une scène. Une Vixen n'est riche que de son temps, hors de question de faire cadeau d'une minute supplémentaire. Je la vois s'agiter avec une grande valise.

— C'est essentiel, en cas d'imprévu tu as toutes tes tenues sous la main.

Puis, après le « ACTION ! » du réalisateur, elle prend ses poses, danse, a de *l'attitude*. Je suis éblouie et commence à redouter la minute où l'on me dira de venir devant la caméra.

Fatalement, ce moment arrive, et je trouve que je m'en sors plutôt bien pour un début. Ma prestation semble d'ailleurs convenir à tout le monde, sauf à Solange qui, plantée à côté du réalisateur, me donne des instructions : « Arrange ta frange, cambre-toi plutôt comme ça, fais ça avec l'autre jambe, jette tes cheveux en arrière. » Je me demande pourquoi elle prend le temps de me conseiller. J'ai du mal à croire en la gentillesse pure. Je comprendrai par la suite qu'elle est comme ça : méfiante, mais débordant d'empathie. Lorsqu'elle voit quelqu'un en difficulté, elle le protège, telle une louve.

Si je m'en sors pas trop mal pour cette « première fois », j'ai néanmoins clairement sous-estimé l'effort physique qu'exige le métier de Vixen. Tourner une scène de quelques secondes peut prendre plusieurs heures, et il faut souvent rester statique, juchée sur de hauts talons, fixée par une équipe entière. On s'en retourne épuisée, le corps endolori par les courbatures, comme un athlète après une course.

Le tournage s'achève enfin. Un assistant me montre son portable. La photo de l'artiste et moi est en top des tendances Twitter. Sous le post, je découvre des centaines de messages : « C'est qui cette pute ? » « Grosse salope ! » Solange apparaît derrière et prend brutalement le téléphone.

— Nan mais c'est quoi ce délire ? Vas-y mec, on prend une photo tous les deux, ils changeront de cible, comme ça.

Là, à seize ans, dans ce loft de la cité dionysienne, je viens de me découvrir une sœur.

Un membre de la production nous propose, aux trois autres Vixens et à moi, de nous rapprocher de chez nous en voiture. L'atmosphère est à la détente. Les filles bavardent bruyamment et scandent à fond, volume poussé au maximum, les paroles de « Tallac ».

« Pas d'idole, j'ai la zik, le 'zness comme idéal. Des hauteurs du 100-8 zoo, auteur-interprète représente le bruit et l'odeur. Flow condamné à perpette, moi, j'ai des piranhas dans le bocal. J'ai pas besoin d'un psy mais d'un avocat. »

Moi, je suis calée à l'avant, et presque mal à l'aise devant tant de sororité affichée. Je me saisis d'un livre dans mon sac, *Des bleus à l'âme* de Françoise Sagan, l'histoire de deux gosses de riche, qui traînent leur mélancolie dans de somptueux appartements. Solange, assise juste derrière, s'avance et pose son menton sur mon épaule en me balançant d'un air encore plus arrogant que le mien :

— Ah d'accord ! Madame est une intellectuelle ?

— J'aime lire, c'est tout.

— Tu préfères lire plutôt que parler avec nous ? On n'est pas assez bien pour toi ? Tu sais ce que Sheryl fait dans la vie ?

La Sheryl, au look aussi cain-ri que Solange (ensemble sportswear peau de pêche Daömey) par-dessus ses bas résille pour ne pas perdre de temps en se changeant et rentrer plus vite chez elle), enfume la voiture avec son cigarillo café crème et semble ne prêter aucune attention à notre discussion.

— Sheryl, parle un peu à la petite, s'il te plaît. Elle s'ennuie tellement avec nous qu'elle nous a sorti un bouquin. Elle nous prend peut-être pour des vieilles meufs ?

— J't'explique, commence Sheryl, j'ai deux salons de coiffure. Avant, les clips, c'était juste pour l'oseille et pour la liberté de bosser comme je veux en faisant autre chose à côté. Maintenant, je vois plutôt ça comme un loisir qui me rapporte un peu. Entre les salons et mes enfants, j'ai plus trop l'occasion de faire quelque chose pour moi et d'être sexy, alors…

J'ai joué cavalier seul, me suis mise à l'écart, comme la vie m'a appris. Et ces filles que j'admire déjà pensent que je les méprise. Lettysha est assise entre Sheryl et Solange. C'est la plus discrète, celle qui semble la plus douce aussi. Je l'interroge pour connaître son histoire. Je sens le regard de Solange se faire plus tendre.

— Moi, la danse c'est ma passion, vraiment. Je fais ça depuis que je sais marcher. Il y a deux ans, c'est surtout devenu la solution concrète pour financer mon école de commerce. Ma mère est toute seule, donc j'essaie d'aider aussi la famille.

Je les *vois* enfin, ces trois femmes assises en rang d'oignons à l'arrière d'un véhicule mal révisé de la régie. Belles, déterminées, fortes. Les « meufs de clip », on ne perçoit d'elles que l'image qu'elles renvoient à l'écran, mais en coulisse, elles sont mères, étudiantes, voire cheffes d'entreprise. En somme, potentiellement une sœur, une tante, une collègue ou une amie. Je l'ignore encore, mais celles-ci sont des pionnières, la première génération de Vixens. Elles ont tracé la route.

— Et sinon, tu sais ce que c'est, une Vixen ? me demande Solange en souriant.

Je récite la définition enseignée par Hout. Elle me reprend :

— Oui, ça vient des States, mais plus précisément des femmes noires, c'est important de le souligner. Ensuite, ça s'est développé dans toutes les communautés. Les stars à l'époque, dans les années 1990-2000, c'est des meufs comme Amber Rose, Melyssa Ford, Gloria Velez. Tu peux les voir dans les clips de Usher, ou 50 Cent. Certaines ont commencé dans le strip-tease, voire le porno.

— Ah ouais, sérieux ?

— Eh oui. Tu verras qu'en France, les gens font souvent ce raccourci. Enfin, si tu continues…

La voiture nous dépose dans le centre de Paris. Je marche sur les quais avec Solange. Un peu sonnée par cette journée intense, je laisse sa voix me porter.

— Alors, t'as aimé ton premier tournage ? Ben ouais, ça se voit que c'était le premier. T'inquiète, personne n'a dû remarquer, mais moi j'ai l'œil. Crois en ce que tu fais, les autres y croiront aussi ! Et ne doute jamais de ta beauté.

Alors que je m'apprête à rentrer chez moi, après lui avoir donné mon numéro, je me dis que j'ai peut-être enfin trouvé ma place. Les codes de notre culture pourraient bouleverser les standards. Et rien que pour ça, ça vaut le coup que je continue.

Et comme le dit Médine, « la banlieue influence Paname, Paname influence le monde ».

CHAPITRE III

Les années lycée se poursuivent. Je suis encore dans ma ville du 92. J'insiste sur le fait que c'est *ma* ville, même si j'ai pris l'habitude d'en raser les murs, toujours encapuchonnée de ma doudoune noire pour passer le plus inaperçue possible. Ici c'est chez moi. Les gens d'ici ont toujours œuvré pour me rappeler que je n'étais pas chez moi. Pourtant, mon chez moi, c'est ici, dans ma ville. Ce sont les lignes les plus sombres de l'Histoire de la France qui nous ont emmenés là. Les douleurs et les conséquences des conflits de nos ancêtres sont héréditaires. Ma France, ce n'est pas celle de l'extrême droite qui distingue les Français de sang et les Français de « papiers ». J'aimerais que les sacrifices de nos aînés ne soient pas vains et nous servent de leçon. Notre pays a gagné des générations de jeunes qui ont choisi d'être français.

Bordel, j'ai autre chose à foutre de ma vie que m'abaisser à éduquer des enfants de bourgeois, qui pensent que la valeur d'un individu s'estime à l'aune de son patrimoine familial. Les gosses bien nés de ma banlieue n'effraient personne d'autre que leur raciste de mère en faisant des trous de boulettes dans leurs survêtements Lacoste achetés avec l'argent de l'amour paternel.

Cette période est aussi et surtout compliquée avec mes parents, qui ne sont pas dupes et ne me comprennent plus. Ils prolongent leurs vacances en ne me proposant plus systématiquement de les accompagner. Ils me regardent avec des yeux perplexes, des yeux remplis d'inquiétude à me voir devenir quelqu'un qu'ils ne reconnaissent plus, redoutant que la rébellion devienne mon mode de vie. On s'éloigne. Je sèche énormément et trouve une combine parfaite : j'arrive trop en retard pour être acceptée en classe sans pour autant que mon absence soit signalée à l'académie, les retards n'étant pas comptabilisés comme des absences.

Je tourne mes premiers clips grâce aux quelques contacts que je commence à me faire parmi les équipes et certaines Vixens. Quand une collègue me rancarde sur un plan, elle touche un petit pourcentage sur ma part. C'est la règle, et je m'y plie.

Après avoir économisé un peu, j'investis dans mon allure. Au départ, je choisis des accessoires très divers, que je mixe au gré des projets. Mais peu à peu, je me crée mon propre personnage, inspiré par les héroïnes de mon enfance, telles Mata Hari, Samia Gamal, Joséphine Baker ou Caroline Otero.

C'est à ce moment que naît officiellement mon personnage.

Je tourne plusieurs fois par semaine, parfois plusieurs clips le même jour. Une Vixen commence rarement sur des superproductions. J'écume les scènes underground. Je dois être une des meilleures spécialistes du Rap roubaisien des années 2010. Rennes, Rouen, Nantes, je connais les TER et les zones périphériques des quatre coins de la France. Je fais de longs trajets pour des cachets dérisoires, reste souvent dormir sur place, dans des hôtels deux étoiles quelconques, toujours parfaitement propres, toujours un peu sinistres. Les clips sont minimalistes, avec beaucoup d'hommes et peu de Vixens. Je fais mes armes, imite mes « grandes » que je croise parfois sur les tournages. J'apprends à parler argent sans complexe, à ne pas perdre de temps, et, surtout, à prendre confiance en moi. Je ne suis pas une excellente danseuse, mais j'ai de l'attitude, de bonnes poses et, encore plus précieux, je sais faire illusion.

Solange devient très rapidement une personne essentielle à ma vie. J'aime sa force et sa sensibilité. Quand nous ne sommes pas ensemble, nous passons des heures au téléphone à refaire le monde.

Le jour de mes dix-huit ans, je suis sur le tournage d'un clip. Et, cerise sur le gâteau, elle aussi.

— T'es chiante, tu devais me rejoindre il y a une heure ! Mais je me fâcherai demain. Joyeux anniversaire, ma sœur ! Tu choisis quel âge cette année ? Vingt-trois, vingt-quatre, ou tu refais tes vingt-deux pour la troisième fois ?

— Meuf, si tu prévois des bougies en chiffres je bloque ton numéro !

— Ah non, j'ai rien préparé du tout. On fêtera ça dans deux semaines, en même temps que ton bac…

— Putain, je te jure, j'ai complètement oublié ce bac. J'ai des profs que je n'ai vus qu'une fois, le jour de la rentrée.

Le bon côté des choses, c'est que mes parents ne seront pas trop tristes de voir mourir les derniers espoirs qu'ils placent en mon avenir.

— Essuie tes larmes de crocodile! Tes parents sont au bled, on ne va pas leur gâcher les vacances parce que Madame a peur de l'échec. Je vais dormir chez toi pendant deux semaines pour t'aider à réviser. Tu dois donner tort à ceux qui t'ont traitée de beurette et qui chaque année veulent t'envoyer épiler des zézettes en CAP.

— Merci ma sœur, je…

Solange me coupe. Elle se décide à m'offrir le cadeau qu'elle me réservait pour mon diplôme. Elle sort de sa valise un petit sac de tissu rouge carmin, et en extrait une paire vertigineuse de Daffodile en cuir noir. Je ne compte plus le nombre de fois où j'ai porté ces chaussures depuis. Pour l'ouverture du clip « Satin » de Kekra, sur la *cover* de l'album *La Fièvre* et toutes les scènes (la Cigale, le Bataclan, l'Olympia, le Zénith, Bercy) où j'ai accompagné Jok'Air, Gazo, Kaaris et les autres… Partout où j'ai eu besoin d'avoir ma grande à mes côtés. Chaque fois, j'ai choisi d'enfiler ces talons pour qu'elle aussi, symboliquement, continue d'être présente dans l'histoire du Rap qui ne cesse de s'écrire.

Notre tournage se termine. Dans le taxi du retour, comme d'habitude, on se dispute sur le choix du resto où grignoter.

*

Il me reste deux semaines pour apprendre l'intégralité du programme de terminale. Aucun de mes camarades ne consent à me prêter ses cours, je parcours donc frénětiquement mes manuels, tout en poursuivant les tournages. La conseillère d'orientation, qui tout d'un coup semble s'intéresser à moi, me convoque au lycée peu de jours avant les premiers examens. Elle n'y croit pas plus qu'elle espère voir un sourd écrire une symphonie. Et pourtant, Beethoven l'a fait.

— Il faut que tu fasses preuve de réalisme. Tu n'as assisté qu'à trente-deux heures de cours cette année. Même si par miracle tu obtiens ton bac, aucune école ne t'acceptera.

— Vous savez dans quelle situation je suis. Ma mère a perdu son travail. J'ai dû trouver des petits boulots, c'est pour ça que j'ai pas mal manqué. Mais ça ne m'empêchera pas de m'inscrire en droit ou en journalisme si…

— En droit ou en journalisme ? Tu plaisantes ? Être une pute ce n'est pas un « petit boulot ». On te voit partout à poil sur Internet, tu trouves ça sérieux ? Coiffure ou esthétique, voilà ce qui pourrait te correspondre, à condition que tu arrêtes tes conneries.

Je sors galvanisée. Le mépris des autres sera toujours la source intarissable de ma volonté de m'en sortir. Mes échecs rendraient trop de gens heureux.

Les épreuves sont difficiles, et je fais de mon mieux pour placer des notions très récemment acquises. Je suis sauvée par mon sujet de philosophie, la matière que j'aime le plus et dans laquelle je suis à l'aise.

Quelques semaines après, je vais chercher les résultats, accompagnée de Solange. Une enseignante vient me souffler à l'oreille :

— C'est la première fois que je te vois de l'année, et c'est pour te donner ton bac.

*

Un mois plus tard, je suis réveillée en pleine nuit par un coup de téléphone.

— Salut, désolé de t'appeler si tard. C'est Lettysha qui m'a donné ton numéro. Tu serais dispo demain matin pour un tournage dans le 91 ? Tu pourrais compléter le casting en trouvant trois ou quatre danseuses ?

— À cette heure-là ? Je te promets rien. C'est quoi le cachet ? Combien de temps dure le tournage ?

— Je vais te donner les détails par WhatsApp. Mais je t'explique, on est dans l'urgence. Le cachet c'est 250 par fille.

— Franchement, le tarif est pas suffisant. Surtout que ça va exiger sûrement au moins huit heures de shooting.

— Réfléchis pas comme ça. Vous allez avoir beaucoup de visibilité.

— J'ai déjà essayé de payer mon loyer en visibilité. Ce mode de paiement m'a été refusé. Mais t'es qui, en fait ? Tu m'appelles en pleine nuit et tu te présentes pas.

— C'est Chris Macari. Et le clip de demain, c'est pour Booba.

— Ah… Je reviens vers toi dans une heure. Je vais faire de mon mieux.

Je fais le tour de mon répertoire et ne tarde pas à trouver quatre Vixens, qui dès l'appel terminé n'ont pas perdu une seconde pour préparer leurs valises. C'est la première fois que je recrute d'autres filles. Le début de quelque chose, même si je ne le sais pas encore.

Dans l'après-midi, je débarque avec mes consœurs sur le lieu de tournage. Le casting a rassemblé une petite dizaine de Vixens, les plus expérimentées de l'époque. Les clips de Booba sont toujours une vitrine du Rap français. Pendant que certaines finissent de se préparer, Chris vient nous briefer sur la scène d'ouverture et les placements de chacune.

Le projet est ambitieux et le retard s'accumule. Des séquences s'ajoutent au scénario et nous voulons légitimement revoir notre deal. La discussion avec Chris m'est inconfortable. Palabrer pour avoir plus d'argent n'est pas ce que je préfère. Les autres filles restent muettes. C'est moi qui les ai entraînées là : je me sens alors investie de la responsabilité de les représenter. Ibou, le bras droit de Booba, est un homme de parole. Malgré son apparence impassible, il manage ses équipes avec justesse et loyauté. Il finit par se ranger à mes arguments et s'engage à revaloriser notre rémunération. Une petite graine se plante en moi : je suis plutôt douée pour marchander.

Mais maintenant que j'ai mon bac, est-ce qu'il ne serait pas temps que je pense à la suite ?

*

Toute ma vie on m'a répété que j'allais rater ma vie. Quand, petite, je m'efforçais d'être lisse et bonne élève, pour ne pas dépasser. Les enfants privilégiés, les professeurs et presque tout le monde me présageaient une existence médiocre.

Je n'avais rien à perdre, si ce n'est ma liberté, à vouloir plaire à ceux qui me méprisaient. Alors, oui, désormais, il faut que je réussisse là où tous me voyaient échouer. Or, réussir, selon la définition que les autres en donnent, c'est toujours un travail respectable, un mari et de l'argent.

Mon bac en poche, c'est à cette définition que je vais m'efforcer de me conformer.

CHAPITRE IV

— Maman, enfant, c'était quoi le métier de tes rêves ?

— Quand mon père s'est fait assassiner, je n'en ai plus eu. La guerre ne laisse pas le temps pour ça.

— Mais il y avait bien un métier que tu aurais aimé faire ?

— J'en sais rien moi, hôtesse de l'air ? Oui, hôtesse de l'air, ça m'aurait plu, je crois.

Alors, ce sera hôtesse de l'air.

À dix-huit ans, j'ai l'impression d'être une trentenaire désabusée. Par-dessus tout, je ne veux plus décevoir mes parents. Tant de sacrifices de leur part ne peuvent rester vains. Il est temps de donner tort à tous ceux qui avaient fait le pari que j'avais déjà gâché ma vie d'adulte alors que la cire de ma dix-huitième bougie était encore tiède.

Je m'inscris dans une école afin de préparer mon CCA[1], j'obtiens le diplôme l'automne suivant. Ironiquement, mon premier vol est à destination d'Oran. Mes parents semblent

1. Certificat de membre d'équipage de cabine.

enfin fiers, même si leur regard est toujours empreint de mélancolie. J'insulte le destin jusqu'à aller fanfaronner dans mon ancien lycée, qui m'a invitée à parler de mon métier aux élèves. Ceux qui m'ont conviée auraient sûrement voulu que je leur serve la soupe de l'égalité des chances, je me suis fait un plaisir de leur délivrer ce conseil :

« N'écoutez pas les adultes sous-payés et frustrés d'avoir dû renoncer à leurs rêves. Faudrait-il déjà qu'ils aient le courage d'essayer de poursuivre un rêve. Le seul courage qu'ils auront, c'est de vous seriner que vous êtes perdus d'avance. Alors, croyez en vous, personne ne vous donnera une chance si ce n'est vous-même. N'ayez pas peur d'échouer, ayez peur de ne jamais trouver la force de commencer à transformer vos rêves en souvenirs. »

En acceptant de participer à cette satire sociale qui me fait incarner la réussite par la rédemption, le choix s'impose de clôturer définitivement le chapitre « Rap ». Dorénavant, les Vixens et les rappeurs s'effacent de mon champ de vision, remplacés par les pilotes de ligne. Et l'individualisme des PNC[1] supplante la sororité des Vixens. J'ai dix-huit ans à peine, et je me résigne déjà. La prochaine étape sera sûrement le mariage et les enfants. Tout le monde sera content, et mon honneur sauf. L'heure est à la révérence. Mon téléphone, toujours sur mode avion, me démontre combien le Rap est le genre de garce qui vous oublie vite.

*

1. Personnel navigant commercial. Hôtesses de l'air et stewards font partie du personnel navigant professionnel de l'aviation civile.

Parallèlement, avec la candeur de mes dix-huit ans, je vis ma première vraie et longue histoire. À l'aube de ses trente ans, Marius ressemble à ces grands acteurs des films d'autrefois, avec ses manières héritées de ses jeunes années de pensionnat en Suisse et ses cheveux impeccablement peignés. Si tout n'était pas à brûler dans le patriarcat, j'avouerais que la galanterie est un art à la française qui s'est perdu avec le temps et qu'il savait faire revivre au quotidien. Étant le fils d'une personnalité politique, homme d'affaires, son héritage le plus inestimable n'est pas imposable puisque c'est son nom. Il aurait pu se dispenser de travailler, mais il a l'ambition, peut-être plus difficile que la nôtre encore, de se faire un prénom, réussir au prix de ses efforts. Il était travailleur et avait l'ambition de s'accomplir par lui-même, c'est ça qui m'a plu chez lui.

Notre histoire commence avec un accident de scooter. Chacune de ses visites à l'hôpital s'accompagne d'un bouquet de pivoines ou de roses, emballées avec de belles promesses. J'apprécie son élégance et son raffinement. Il est du genre à préférer me prouver qu'il m'aime plutôt que de le dire. Cependant, il ne manque jamais de laisser les tickets de caisse au fond des emballages de ses cadeaux, afin que je puisse estimer le prix de ses « je t'aime ».

Pour lui, j'ai changé d'adresse. Très vite, je quitte ma banlieue sud pour un confortable appartement, avenue Mac-Mahon. Un an après, j'éteins ma dernière cigarette sur notre balcon en admirant la place de l'Étoile, qui a perdu de son éclat d'autrefois à force de la voir tous les jours. Le calme et l'air de mon 92 me manquent. Nous déménageons alors à Neuilly-sur-Seine.

Je voulais cocher toutes les cases : en plus d'avoir un métier convenable et prestigieux, je me retrouve à baigner dans la bourgeoisie la plus décomplexée, celle où les femmes accompagnent leurs petits déjeuners d'un verre de vin blanc pour échapper à leur quotidien ou pour remplacer leur mari absent.

Mais l'idylle ne dure pas. Rapidement, je découvre des traces de fond de teint sur ses chemises Hermès. Un soir, je le confronte. Pour la première fois, il me parle à cœur ouvert, un subtil mélange de vérité et de techniques de négociation, propre à l'homme d'affaires qu'il est.

— D'abord, je t'aime. Tu es ce qui se rapproche le plus d'une famille pour moi. Ma mère est une pute. Chacun de ses trois divorces lui a rapporté plusieurs millions qu'elle a gaspillés en mondanité. Je ne suis né que pour être son assurance d'avoir des prestations compensatoires nécessaires à sa vie de rentière. Mon père, tu le connais… ma nouvelle belle-mère, c'est mon ex. Elle a vingt-cinq ans. Je n'ai jamais eu vraiment d'exemple d'une famille normale ou d'un couple sain. Ce n'est pas une excuse, je te le concède. Mais, comment t'expliquer, je ne sais que trop à quel point l'argent peut nécroser une famille de l'intérieur.

Je veux te respecter et ne pas te faire des promesses que je ne tiendrai pas.

Je ne veux pas que tu sois comme ma mère, cette idiote à la cuisse légère, ravagée par le vin dès huit heures du matin parce que l'argent ne permet pas de retrouver les années sacrifiées pour un homme qu'elle avait fini par dégoûter.

Il me demande ce que je veux moi, je lui réponds honnêtement. Je veux du respect, et qu'il me préfère aux autres.

— Si tu crois avoir les moyens intellectuels de ne jamais faire naître chez moi un sentiment de doute, de méfiance, de jalousie ou d'incertitude, grand bien te fasse. Mais si un jour je sens ne serait-ce que le parfum d'une autre sous des mensonges mal improvisés, alors nous aurons perdu notre temps.

Le mec soupire en baissant légèrement le menton.

Il finit sa diatribe en réussissant le tour de force de me traiter de ratée et de faire passer son amour pour un acte de grandeur.

— Tu t'es grillée avec tes clips. Ce sera très compliqué de trouver un bon parti. Moi, je m'engage à ne plus t'en parler, à te respecter. Je te donnerai mon nom, sans la moindre honte.

Peut-être qu'il m'aime vraiment. Peut-être pas. Dans tous les cas, le sentiment d'immunité que l'on a à dix-neuf ans me fait croire que je contrôle encore la situation. Alors je reste.

Pendant encore un an, je tente de me convaincre que cette existence me suffit. Cette existence que j'avais rêvée, enfant, dans la chambre de notre T3 avec vue sur une résidence à laquelle mes parents n'osaient même pas espérer accéder un jour. Jacques Séguéla a dit : « Si, à cinquante ans, on n'a pas une Rolex, on a quand même raté sa vie. » J'ignore si les paroles séniles d'un homme privilégié valent quelque chose. Ce que je sais, c'est qu'à mon vingtième anniversaire, je reçois ma première Datejust[1], accompagnée d'une Amex

1. Un des modèles de Rolex. La Datejust est une montre-bracelet chronomètre, automatique et étanche, dotée d'un guichet affichant la date à trois heures sur le cadran.

Platinum[1] nominative et d'un accès à un compte joint. Le solde en bas de la feuille a huit chiffres.

Mais dans leur monde, rien n'est gratuit. Ce mode de vie implique bien souvent un homme absent qui espère compenser son infidélité par la gratification d'une situation plus que confortable. Ma dignité et ma liberté ont un prix, et je suis en train de le payer. Je joue les idiotes en faisant semblant de croire aux excuses qu'il me sert pour justifier ces nuits où il déserte notre domicile sans me prévenir, rentrant ivre à l'aube, des taches de cyprine ou de salive sur son pantalon.

Et, une fois ou deux, sa main se lève sur moi.

Une matinée d'after, quand il rentre d'une énième soirée de débauche, c'est la fois de trop. Je fais ma valise. Il comprend que je vais partir pour de bon et me frappe. Il me traîne par les cheveux dans le couloir de l'entrée, jusqu'à la salle de bains. J'imagine qu'il pense que le carrelage se nettoiera plus facilement que notre moquette beige. Puis sous une avalanche d'insultes, avec toute la haine œdipienne qu'il a tenté de refouler, il me couvre de gifles, prenant de l'élan à chaque fois, en alternant paume et revers.

— T'es vraiment la reine des salopes ! Si tu m'avais pas rencontré, t'aurais passé ta vie à sucer tes rappeurs jusqu'à en perdre toutes tes dents. Je suis un gentleman, je cogne pas les femmes. Je corrige juste ma petite salope qui se prend pour une grande dame. Je t'ai donné les moyens d'être qui tu voulais, je me suis donné les moyens de pouvoir baiser

1. American Express Platinum.

qui je voulais. Fermer ta gueule quand je rentre me reposer, c'est pas cher payé pour la vie que je t'offre.

Le visage en sang, je reste cloîtrée toute la journée, pétrifiée, hagarde, dans la salle de bains. Le soir, il remet son masque : il est *désolé*. Deux semaines après, je profite d'un de ses voyages à Singapour pour fouiller l'appartement, à la recherche d'un ticket de sortie. Rien. Alors je vais à ses bureaux – il n'a pas emporté ses clefs. En pyjama dans le taxi, je n'ai qu'une idée en tête : m'évader de cette cage dorée.

Sur son ordinateur, dans une boîte mail dissimulée, je tombe sur neuf cent quarante-deux dossiers, qui portent tous un prénom féminin. Des *nudes* envoyés par messages côtoient des *sextapes* de ses partouzes ainsi que des photos de culottes prises sous les tables. Il y a un dossier à mon nom. Je n'ai jamais pris une photo de mon intimité et en ai encore moins envoyé à qui que ce soit. Il m'a photographiée sous toutes les coutures durant mon sommeil. Je découvre, médusée, que c'est un véritable taré. Je préviens les quelques filles que je reconnais, prends des captures d'écran, retourne chez moi dans un état d'épouvante, et embarque un maximum d'affaires. En moins de dix heures, je blinde une berline avec des cabas Lidl remplis à ras bord et je pars. Lidl est le meilleur sponsor de nos ruptures.

De retour, voyant que je ne suis plus là, il vient me harceler en bas de chez moi, à l'aéroport, dans les restaurants où j'ai mes habitudes. Heureusement, malgré son nom connu et respectable, la police prend la menace au sérieux et arrive sans délai lorsque je l'appelle. Un jour, les forces de l'ordre le plaquent au sol pour le calmer. Il continue à me fixer, les yeux pleins de hargne. Plus tard, il simule une tentative de suicide et se fait interner. Il prend le temps de laisser une lettre expliquant que je l'ai poussé à en arriver là. Soudain, c'est lui la victime. Son internement durera plusieurs mois.

Il finit par se calmer, ou se lasser, peu importe. Je suis libre.

*

J'ai beau avoir construit le couple « modèle », trouvé un travail stable, inventé une vie bien sous tous rapports, le Rap ne me quitte jamais vraiment. D'ailleurs, force est de constater que cette fois-ci, ce n'est pas moi qui ai choisi le Rap. C'est le Rap qui m'a choisie.

Un matin de ma vie d'hôtesse de l'air, comme chaque fois que je me rends à Orly par la navette, j'écoute la bande originale de ma vie, volume à fond. Ce jour-là, c'est l'album *Temps mort*, de Booba, qui passe en boucle dans ma playlist. Robe bleu marine, Richelieu en cuir verni noir et chignon banane homologué, je file rejoindre mon équipage du jour. Destination Faro. Dans le hall de l'aéroport, je croise une mère et sa petite fille qui me regarde avec des yeux brillants d'admiration. La partie sympa du métier. Le climat du monde aérien est tout aussi standardisé et discriminant que celui que j'ai connu dans la mode. Le personnel est en rotation permanente, afin qu'on ne puisse pas créer du lien. L'idée affichée étant de ne pas pousser à trop se relâcher entre collègues, ce qui pourrait sinon entraîner une erreur dans les procédures de sûreté. Heureusement ou malheureusement pour la suite de mon histoire, le chef de cabine du jour est un gros con.

— Tu vas m'enlever tes faux cils de beurette. C'est d'un vulgaire…

Je m'exécute docilement. C'est épuisant d'éviter la noyade, de nager à contre-courant, parfois, il faut se prendre certaines vagues pour survivre.

Je me dirige vers le premier poste de contrôle, écouteurs aux oreilles, « Repose en paix » de Booba au maximum : « Je suis venu marquer mon temps malgré mon teint. Ni bluff ni simagrées, c'est bien des Noirs et des Maghrébins. C'était juste un puzzle de mots et de pensées. Que le hip-hop français repose en paix. »

J'interromps le *track* pour mettre mes appareils dans la barquette blanche que l'on me tend. À quelques mètres derrière moi, un attroupement se forme. Le brouhaha se fait de plus en plus intense. Quatre hommes viennent prendre ma suite au poste de filtrage. L'un d'eux est ralenti par un policier aux frontières qui lui quémande un selfie. Je passe les portiques avec mon équipe, me retourne brièvement et mes yeux croisent le regard de celui qui attire toutes les attentions. Booba.

Il récupère son bagage juste après moi. Je prie pour qu'il ne se souvienne plus m'avoir déjà vue. Mal à l'aise, je cours pour rattraper mon équipage lorsque sa voix m'interpelle :

— Tu vas bien ?

Le patron a bonne mémoire.

— Bien et toi ?

— Alors ? C'est fini ? Tu as arrêté tes clips ?

— Oui.

Il me détaille des chaussures au chignon, et il tire cette conclusion :

— Pff… La déchéance !

Je suis pulvérisée. Dès l'instant où cette phrase est prononcée, je sais que ce vol comptera parmi mes derniers.

Je ne suis parvenue à duper que moi-même, fuyant mon destin à bord d'un avion. Dans le prisme des autres, je ne suis qu'une Vixen déguisée en hôtesse de l'air. Et pour une fois, les autres ont raison. En tout cas, si ce n'est les autres, Le Boss Du Rap Game a raison. Le Rap revient me chercher en fracassant la porte d'entrée. Quelle déchéance de m'être reniée en voulant satisfaire l'entourage. Quelle déchéance d'avoir abandonné le combat, dont celui d'améliorer les conditions de travail pour mes sœurs. Quelle déchéance d'avoir renoncé au seul monde qui me faisait me sentir chez moi. Un artiste qui se prive d'expression finit par s'asphyxier. Être Vixen était mon art. Mon ultime arme pour survivre à la violence.

Je passe les détails de la soirée où j'annonce à mes parents que je renonce à une fonction respectable pour retourner me vautrer dans les méandres crasseux du Rap. Disons qu'ils ne me félicitent pas franchement.

CHAPITRE V

Mes camarades m'avaient manqué. Le Rap, son train de vie m'avaient manqué. Je m'engouffre dans un taxi pour rejoindre l'appartement de mon ami Rosenfeld, à deux pas du pont Alexandre III. Ce garçon des beaux quartiers est sorti de sa zone de confort en faisant le tour des *open mics* de l'époque à la rencontre de talents. Autodidacte à sa façon, il nourrit une passion pour le hip-hop qui l'a amené à faire quelques productions par hasard. Il nous accueille toujours chaleureusement. Les soirées chez Rosenfeld sont le théâtre où se sont jouées plusieurs grandes lignes du Rap français. Ce soir, je croise Doums, membre de L'Entourage, qui téléphone devant la porte d'entrée. Nekfeu est dans le premier salon avec d'autres membres du collectif. Dans un second salon, Hayce Lemsi discute avec Rosenfeld. Au fond d'une pièce, PLK, Zeu et Ormaz – du groupe Panama Bende – sont concentrés derrière des écrans d'ordinateur.

Ce sont ici des ambiances de coworking, un défilé permanent et éclectique de personnalités (producteurs, acteurs, réalisateurs) permettant un climat propice aux opportunités professionnelles. En allant calciner ma cigarette dans la cuisine, je retrouve un frère qui m'est cher, Aladin 135, lui aussi affilié au Panama Bende.

— Oh ça va copine, tu commences à dater, ça fait longtemps ! Félicitations, t'es hôtesse de l'air maintenant ! Tu as stoppé les tournages, j'imagine ?

— Je n'en suis plus si sûre justement, si les gars et toi avez besoin de moi, je suis branchée, hésite pas.

— Avec plaisir ma reuss. Ken prépare un album solo. Il aura peut-être besoin de modèles.

— Ah ouais ? Honnêtement, je me suis arrêtée à son titre « Dans ta réssoi », depuis j'ai lâché.

— Tu devrais te mettre à jour rapidement, son projet est super.

Deux jours après, je reçois une notification WhatsApp.

« Salut c'est Ken, Aladin m'a parlé de toi. Si tu es disponible n'hésite pas à m'appeler. Nekfeu. »

J'enregistre son numéro. Et je l'appelle immédiatement.

— Bonjour, tu vas bien ? On s'est croisés chez Rosenfeld avant-hier soir.

— Cool et toi ? Aladin m'a dit que t'étais sérieuse dans le taf. On prépare un tournage important pour lundi prochain. La direction artistique est dans une thématique « Mad Max ». Le styliste a prévu environ cinq tenues différentes avec des *make-up FX*, un serpent de douze mètres et de la pyrotechnie.

— Waouh ! Effectivement, c'est ambitieux. En une seule journée de tournage ? Mon tarif, c'est trois cents euros les deux heures pour une prestation hors lingerie.

École Solange, on ne perd pas de temps et on montre qu'on est là pour bosser.

— Mademoiselle, je ne suis pas encore certain que tu correspondes à ce que nous recherchons. D'habitude ce n'est pas moi qui m'occupe du casting. Mon réal passe par des agences. T'es plutôt chère pour une Vixen, nan ?

— C'est marrant que tu emploies le mot *Vixen*, même dans l'industrie, peu l'utilisent.

— Ah ouais ? Les autres le disent comment ?

— Meuf de clip.

— J'ai une proposition. Passe dans le treizième demain, on fera un rendez-vous avec le réal. Viens sans maquillage. Si tu nous convaincs de pouvoir assurer le rôle, je te valide sur ce casting et on te donne quatre cents pour la journée.

— Merci pour ton intérêt. Si j'ai bien compris, tu ne travailles jamais avec les Vixens, car selon toi leur image ne correspond pas à ta direction artistique. À mon avis, t'as tort de t'en priver et j'aimerais te prouver le contraire. Et puisque la confiance se doit d'être réciproque, à mon tour de faire un pas vers toi. Je te propose de me régler un cachet de mille euros une fois le montage du clip achevé. Les Vixens sont solides, je compterai ni le nombre de scènes ni le nombre d'heures. Si ton équipe et toi vous estimez que mon travail surpasse vos attentes, et ça sera le cas, je te fais confiance pour revoir mon cachet à la hausse.

— T'es audacieuse ! Écoute, tu me parais très sûre de toi et j'ai confiance en Aladin. J'accepte ta propale, on se voit lundi directement. Je transmets ton numéro au styliste et je t'envoie le son.

— C'est carré. Merci, à lundi.

RER D, gare de Villeneuve-Saint-Georges.

Le vacarme des roulettes de ma valise cabine vient troubler l'aube de cette petite rue pavillonnaire. Au bout de l'allée, une zone industrielle où se distinguent des studios cinématographiques aux façades métalliques. Osman, le réalisateur, m'accueille en m'indiquant le petit escalier en colimaçon qui mène à l'étage, afin que je file commencer les longues séances d'essayages et de maquillage. Dans la plus grande loge, autour d'une table, trois mannequins blondes déjà apprêtées étalent leurs nécessaires de coiffure. Sur le canapé, Nekfeu termine une conversation téléphonique avant de venir me saluer. Il a teint sa légendaire chevelure en blond pour l'occasion et porte une veste en cuir noir recouverte de munitions dorées de calibre trente-neuf.

— Bienvenue ! Comment tu vas ?

— Bien et toi ?

— Tu penses être prête dans combien de temps ? Il faut qu'on accorde nos tenues. Benoît le styliste va te mettre un gilet pare-balles et Sofia va te faire un maquillage bionique. On va commencer par la scène tous les deux sur la moto.

Son explication semble avoir alourdi l'ambiance de la loge. Marie-Cécile, une des mannequins, réagit :

— C'est pas moi sur la moto ? On m'avait dit ça.

— J'ai changé d'avis, je te vois plus sur une autre scène.

— Ken, je pense que c'est mieux qu'on ne change pas le story-board, on a déjà fait des photos.

Celle qui vient d'intervenir, c'est Thaïs, la photographe du projet qui ne manquait pas une occasion de me faire comprendre que ma présence la dérangeait.

— Thaïs, tranquille, j'ai changé d'avis, lui répond Ken fermement.

Nous quittons les studios tard le soir, après un tournage harassant. Dans le van qui dépose une partie des membres de l'équipe par ordre de destination, Thaïs prend le temps de dérusher ses photographies de la journée. Nekfeu s'arrête sur une des miennes. *Bulletproof* au corps, casque de football américain rose qui s'emboîte véritablement sur la tête – j'y ai d'ailleurs laissé quelques cheveux. Il suggère d'en faire la vignette d'annonce de la sortie du titre. Avant de me déposer en dernier dans ma banlieue sud, le véhicule marque son cinquième arrêt pour le lâcher dans le 13ᵉ arrondissement. Il prend le temps de me congratuler, avant d'ouvrir sa sacoche pour me tendre une enveloppe pliée en deux, contenant un cachet plus généreux que celui que j'avais demandé.

Trois semaines plus tard, le public découvre « Martin Eden ». L'album *Feu* marque le début de l'ère du règne de Nekfeu. Malgré lui, la fulgurance de son succès le transforme en phénomène à une vitesse vertigineuse. La jeunesse parisienne se pare alors de Stan Smith blanches, de casquettes de baseball, et se laisse pousser les cheveux. À la Nekfeu. En moins d'un mois, sa vie entière se métamorphose, sauf lui. Parmi les nombreux rappeurs que j'ai vus œuvrer, Ken Samaras est un des rares artiste qui ne conçoivent leur réussite que comme collective. Il ne peut apprécier le succès que s'il est partagé avec son entourage.

Pour moi aussi, tout commence à changer. Ce clip m'a offert les dix secondes les plus rentables de ma vie. Pour la première fois, l'industrie et le public français mettent un nom sur une Vixen. Les sollicitations se multiplient, je suis la fille du moment. Grâce à « Martin Eden », mon cachet minimum passe à mille trois cents euros pour quatre heures de tournage hors lingerie.

Quelques mois plus tard, je tourne à nouveau en plein seizième arrondissement, dans un somptueux hôtel particulier, chez Akram, homme d'affaires et créateur de contenu émérite. C'est le 14 juillet. Les feux d'artifice du Trocadéro ne tarderont plus à illuminer notre ciel. Le tournage complètement improvisé débutera une fois la nuit tombée.

Nekfeu m'a confié la supervision de son casting. Si jusqu'à présent il m'arrivait de recruter des Vixens pour le Rap, tout à coup il était en train de me promouvoir pour répondre à une fonction manquant cruellement dans notre secteur.

*

Toutes les Vixens ne font pas ce métier pour les mêmes raisons. Certaines viennent pour l'argent qu'elles croient facile, d'autres parce qu'elles y voient un moyen d'expression, un art, et d'autres, malheureusement, sont tels des papillons de nuit attirés par une lumière brûlante. Elles espèrent devenir quelqu'un. Mais briller n'a jamais nourri personne.

Je n'ai jamais rêvé de projecteurs. Les minutes de gloire (qui plus est dans l'ombre du travail d'autrui), ce n'est pas ce qui me motive. Et il ne faut jamais oublier que l'œuvre reste celle du rappeur. Le rôle d'une Vixen est d'incarner le temps du projet l'univers artistique du titre ou de l'album. Si notre art accompagne l'artiste, nos performances ne doivent jamais venir troubler son image.

Une fille peut disparaître du circuit aussi vite qu'elle est arrivée. Se reposer n'est pas une option. À cette époque, je prends un appartement, il me faut m'assumer, même si je trouve parfois refuge chez un compagnon plus ou moins de passage. Je charbonne comme une folle. J'use les semelles de mes talons, troue d'innombrables collants, vide je ne sais combien de tubes de rouge à lèvres et de colle à faux cils, mon dressing déborde pour moitié de robes légères issues de mes clips, pour l'autre du merch' des artistes avec qui je collabore. Je réponds positivement à la plupart des sollicitations, je traîne ma valise aux mille costumes dans tous les quartiers parisiens, dans les banlieues cossues ou désargentées, fais des échappées à Nantes, Strasbourg, en passant par Calais, Marseille, Barcelone ou Amsterdam. Je m'assois sur la banquette de toutes les lignes de RER, je compare les services d'EasyJet et Transavia, j'alimente ou fuis la discussion de jeunes chauffeurs Uber à toute heure du jour ou de la nuit. Je sais de mieux en mieux m'adapter rapidement aux besoins des artistes et me créer une image sur mesure. Je deviens un personnage de film.

Je scrute toute la ruche qui constitue le microcosme du Rap et tente de me rendre indispensable. « Vous avez besoin d'un fourgon pour les mecs de la régie ? Je vais vous trouver quelqu'un. La maquilleuse a fait faux bond ? Je vais arranger ça. » Je fais appel à des gens de mon quartier, je trouve des solutions, et sans le savoir (et sans au départ être reconnue comme telle) je me forme au rôle polymorphe de productrice de clips. Mais les castings restent ma spécialité.

En quatre ans d'activité, les quatre premières années de ma vingtaine, je dépasse les cinq cents clips. Beaucoup d'entre eux, il faut bien le reconnaître, ne marqueront pas l'histoire du Rap français, mais au moins ils me permettent de payer mes courses et mes factures. Cependant, deux clips vont particulièrement compter pour ma carrière.

*

Sevran, cité La Roseraie, quartier des Beaudottes.

En début de soirée, un taxi me dépose devant un bâtiment. Je traverse le hall d'entrée déjà bien imbibé de l'ambiance du tournage, la porte de l'appartement du rez-de-chaussée est grande ouverte pour laisser défiler ceux qui entrent et sortent. Je cherche le réalisateur du jour parmi la trentaine de types déambulant. C'est le décor classique du *street clip* : une dizaine de mecs s'enfument dans les fauteuils du salon devant la console de jeux, un autre groupe, visages cagoulés, est entassé dans la cuisine où l'enceinte crache un Rap hard-core. Certains s'affairent à mettre en place les accessoires nécessaires pour la scénographie : deux, trois armes, quelques paquets de marocain, de hollandaise, un peu de neige et des coupures de deux cents. Malgré les nombreux quartiers que j'ai visités au détour de plus d'une centaine de clips, être la seule femme dans cet espace si exigu ne m'est pas très confortable.

Je demeure silencieuse dans le couloir, à observer l'environnement, quand un très jeune homme empoigne ma valise pour m'inviter à le suivre.

— T'as trouvé l'adresse facilement ? J'ai dit aux gars de te laisser la chambre pour que tu puisses te préparer.

— Merci, effectivement, je t'avoue que je suis pas très

à l'aise d'être la seule fille. Au téléphone tu paraissais plus âgé. Tu réalises depuis longtemps ?

— J'ai dix-sept ans, j'ai commencé à traîner en studio quand j'en avais treize. L'âge ne fait pas le talent. Toi aussi t'as l'air d'être une petite. T'as quel âge ?

— Haha ! C'est impoli de demander l'âge d'une dame. T'as raison, je n'aurais pas dû te poser cette question. Par contre, ne vois aucun manque de confiance de ma part, mais tu vas devoir me filer mon cachet avant de commencer le tournage, s'il te plaît. Je pressens déjà qu'on va dépasser les modalités qu'on a négociées.

— Pas de soucis, mais le problème c'est que je n'ai que six cents maintenant. J'irai retirer le reste quand on termine.

— Je suis désolée, mais je vais devoir insister. Encore une fois, à la base, le cachet qu'on avait dealé, c'était mille deux cents pour une prestation hors lingerie, une heure de présence maximum, car ton budget était serré. Et tu as sûrement oublié de m'avertir que je devrais me dévêtir devant tout le quartier.

— Je comprends ta crainte d'arriver ici toute seule, mais l'équipe est très sérieuse. C'est vrai qu'on n'a pas beaucoup de moyens sur ce tournage, mais le rendu sera moins vulgaire que tu le penses.

— Dans le doute, je ne peux pas tourner quoi que ce soit si vous ne réglez pas mon cachet maintenant. Je peux pas non plus prendre le risque de me compromettre et baisser mon tarif, car je pourrais plus prétendre aux mêmes rémunérations par la suite…

— Honnêtement, ça va passer inaperçu. Je te promets que le clip ne fera pas le million de vues. Écoute, je vais commencer par toutes les scènes où tu joues. Dans trois heures on en aura fini et tu pourras partir.

— Je te fais confiance, mais j'insiste une dernière fois pour mon cachet. Malgré les moyens du bord, je vois bien ton professionnalisme. Je sais aussi qu'on sera amenés à se recroiser. Le *game* c'est petit et personne n'aime travailler avec les tricheurs.

— T'as pas besoin de me dire tout ça. L'équipe est sérieuse, OK, comme je t'ai dit j'ai pas ton cachet entier. Mais pour te prouver que personne ne triche ici, je vais compléter tout de suite ce qui manque avec ma part.

— D'accord, allons-y ! Les bons comptes font de grandes réalisations.

Le réalisateur honore sa parole, il me tend mon cachet en petites coupures avant que j'aie fini de me préparer.

Le destin aussi continuera d'honorer ses promesses : nos routes se recroiseront lors d'autres réalisations, dont le tournage du titre « Oh Mama » pour Cheu-B et Kidd Keo. William Thomas deviendra un réalisateur incontournable de l'industrie.

Bien des années après, il passera nous saluer sur le tournage de « A$AP ». Il me rejoindra dans l'une des cabines du Pink Paradise, où j'avais arrêté ma course pour aspirer quelques bouffées de répit. J'en profiterai pour lui confier que je suis heureuse pour lui de constater ce qu'il a réalisé. Il me renverra la pareille et me dira qu'il est lui aussi heureux de voir ce que je suis en train d'accomplir. Il ajoutera avoir bien fait d'honorer sa promesse lorsque nous n'étions que des enfants…

William n'a pas menti non plus lorsqu'il m'a promis que ce petit clip ne ferait pas le million, puisqu'il dépasse les dix millions de vues. Cette fois-ci, ce n'est pas le destin qui s'en mêle mais tout simplement le talent de quatre jeunes artistes, OldPee, Zefor, Stavo, Zed et de leur manager tout aussi virtuose, Falcao. Ils démontrent un des fondements du Rap : produire le maximum avec le minimum.

13 Block deviendra l'un des, si ce n'est le meilleur groupe du Rap français hors duo.

« Olaskurt » retentit comme une détonation, même au-delà de cet été. Bien plus tard, en trinquant au blanc de blancs[1] avec Falcao à la *release party*[2] de la mixtape *Drill FR*, il me fait remarquer qu'historiquement je fus la seule Vixen à collaborer avec 13 Block. Je déplore ce privilège. Ma prestation n'a-t-elle servi que mon intérêt ? Si mes années de travail et de sacrifices ne se résument qu'à un habile jeu de jambes ou d'intenses regards face caméra, alors j'ai perdu mon temps.

À mes débuts dans le Rap, je n'avais pas de plan, j'étais juste motivée par l'envie de m'en sortir, et de faire mentir ceux qui m'avaient prédit que mes choix gâcheraient ma vie. Maintenant que le milieu connaissait mon nom, je voulais inscrire celui de mes sœurs dans le livre d'or de notre culture. Un jour j'enseignerai aux débutantes à ne pas faire les mêmes erreurs que moi, à commencer par ne jamais

1. Champagne à différencier du champagne brut. Il est élaboré exclusivement à partir du cépage blanc, le chardonnay.

2. Événement privé durant lequel l'artiste présente à la presse et ses invités l'univers de son nouvel album.

sous-estimer l'impact d'un clip, surtout ceux qui leur paraîtront insignifiants. Notre image une fois vendue ne nous appartient plus, mais si l'industrie refuse de nous faire une place en son sein, nos visages ont marqué l'art du Rap d'une empreinte historique.

Quelques mois plus tard, c'est un autre projet, avec un budget d'un autre ordre, qui va changer ma vie de Vixen. Vald est à part sur la scène hip-hop. Il a une langue rare, se plaît à faire rimer « gougnafier » avec « fourailler ». Il se distingue par l'originalité de ses clips, et cela dès l'amorce de sa carrière. Par exemple, le clip du titre « Eurotrap », tourné sur un fond vert, propose aux spectateurs de le modifier selon leurs envies. Assez révolutionnaire dans le genre. Mais, hélas, l'histoire ne retiendra que celui de « Selfie » dans sa version non censurée (hébergée sur Pornhub) avec Nikita Bellucci.

Quand je suis contactée par le duo de réalisateurs Kub & Cristo pour participer à l'une des aventures visuelles de Vald, j'hésite à peine, consciente que ce sera forcément une expérience artistique singulière. Pour couronner le tout, le studio de tournage est à deux pas de chez moi. Les amis, le père et le fils de Vald sont présents, l'ambiance est détendue, familiale.

Les habits me sont fournis. Il faut dire que je n'avais pas ça dans mes valises : une tenue de soubrette. La première scène, restée dans les annales, est un plan fixe de près de vingt-cinq secondes sur mes seins, mis en valeur par un soutien-gorge aux allures de corset noir, qui bougent au rythme de mes pas. Sauf que cette vision de ma jeune poitrine bondissante est concurrencée par des centaines de burgers sur un plateau d'argent que j'apporte à des hommes attablés devant un banquet gargantuesque de junk food. Je sers les convives qui se goinfrent, je lance des regards lascifs, fais circuler toutes les trente secondes des quantités déraisonnables de nourriture. Les invités s'empiffrent, jusqu'à l'overdose. On note bien sûr la référence à *La Grande Bouffe* de Marco Ferreri. Vald dénonce la surconsommation et met en parallèle désir de femme et désir de nourriture, mais il dénonce aussi cette bataille qu'est le Rap, reflet de notre société ne permettant qu'aux plus voraces de s'en sortir.

Le clip de « Megadose » a un tel impact (à ce jour plus de quinze millions de vues, dont un million en une semaine après la mise en ligne) qu'il déclenche une quantité à peine croyable de commentaires. Killuminaty, un youtubeur un poil complotiste, voit des symboles sataniques dans tous les plans. Vald fait une vidéo parodique en réaction, streamée plus d'un million de fois. Les forums de discussions se multiplient pour analyser la mise en scène et le sens des paroles. Le film traverse même l'Atlantique et trouve une petite audience aux États-Unis.

La déflagration du succès de 13 Block n'a pas fini de retentir que cet autre clip vient, une fois encore, accélérer ma vie. Sa réalisation a été singulière tout autant qu'assourdissante. Ainsi, si « Martin Eden » m'a permis de me faire un nom dans le microcosme du Rap français, « Olaskurt » et « Megadose » contribuent à me donner une place à part entière dans l'industrie.

*

Les choses commencent à changer cette année-là. Quand je fais mes emplettes à Châtelet-Les Halles, il n'est pas rare que des personnes viennent me demander une photo. Même dans des banlieues éloignées de la mienne, j'entends de plus en plus des gens m'interpeller par mon prénom, d'autres traverser la rue pour me dire qu'ils m'ont aperçue dans tel ou tel clip. Néanmoins, dans ma petite ville, ceux de mon âge ne ratent pas une occasion de poursuivre leur harcèlement du lycée. J'ai vingt ans ou à peine plus et chaque fois que j'embarque dans un bus de ma ville, un gars (toujours bien à l'abri au sein d'un groupe) lance sur son téléphone « Martin Eden », « Olaskurt » ou « Megadose ». Souvent, ils cherchent la joute verbale, l'insulte facile :

« Tiens ! Voilà la plus grande pute de la ville ! »

« La honte pour tes darons, je suis sûr qu'ils auraient préféré avoir un fils en prison ou mort plutôt qu'une fille comme toi. »

« T'es vraiment une sale beurette à renois, tu dégoûtes ! »

Je me calme en repensant aux parties d'échecs que je jouais enfant avec mon père, et au cours desquelles il m'éduquait : « Ma fille, nous sommes des nobles désargentés, mais nous n'en demeurons pas moins nobles. Il y a trois choses que l'argent ne te permettra jamais de posséder : l'amour véritable, le respect des autres et la dignité face à la lâcheté de ceux qui voudront t'abattre. Sois charitable pour être à la hauteur de ceux qui choisiront de t'aimer. Mais sois aussi charitable envers tes ennemis afin qu'ils comprennent qu'à tous les égards tu es plus grande qu'eux. Qu'ils ne sachent plus s'ils doivent te craindre, te respecter ou t'aimer. »

C'est à mon père que je dois ma prose et mon amour pour la langue de Molière.

J'estime ne jamais avoir trahi l'héritage de mes parents et avoir été bienveillante même envers ceux qui me haïssaient, me brutalisaient. J'offre de généreuses rémunérations à certaines des filles qui m'ont harcelée autrefois, en les invitant à s'improviser figurantes ou maquilleuses sur les clips de leurs artistes préférés. J'ai distribué à mes anciens camarades des places de concert, des albums, des vêtements du merch' des rappeurs qu'ils adulent. Tout cela peut paraître insignifiant. Cela étant, s'ils devaient continuer à me détester, ils le feraient dorénavant en dégustant les fruits de mes accomplissements, en silence.

Aujourd'hui, les garçons du bus n'osent plus croiser mon regard. Quand vous avez dansé en string dans les quartiers préférés de BFMTV et que vous êtes parvenue à vous faire respecter toute seule parmi ces hommes que les enfants de bourgeois ne côtoient que dans leurs fantasmes, je vous garantis que vous n'avez pas peur de trois sales gosses lorsqu'il s'agit de leur dire de baisser les yeux s'ils ne veulent pas goûter à la gifle que leurs nourrices ont oublié de leur donner.

CHAPITRE VI

En 2016, les règles changent. Si le Rap a, depuis ses débuts, été populaire, il atteint désormais des sommets. PNL cartonne avec son premier album, *Le Monde Chico*, Nekfeu déchaîne les foules avec son premier album *Feu*, Jul triomphe. Et après avoir été reléguée en seconde zone, la culture hip-hop intéresse enfin les pontes des chaînes hertziennes. Mais il faut voir comment les artistes sont reçus… Dans l'émission *On n'est pas couché* qui accueille Nekfeu, Yann Moix pense le piéger en lui lançant, sourire méprisant au coin des lèvres : « Quel passage avez-vous préféré dans *Voyage au bout de la nuit* ? » Nekfeu, posément et sans animosité, explique pourquoi il n'aime pas le style de Louis-Ferdinand Céline. Oui, on peut être rappeur et goûter aux joies de la littérature. Le Rap, *c'est* de la poésie. On se souvient aussi de Laurent Baffie et Thierry Ardisson se foutant royalement de la gueule de Vald dans *Salut les Terriens*, prétextant l'humour pour essayer d'humilier leur invité. Malgré son succès impressionnant, à l'époque, ce genre musical est encore considéré comme un semi-art pour analphabètes de banlieue, comme aiment à nous dépeindre certains politicards, dans le but de rassembler une foule d'électeurs dans la haine de ceux qu'ils ne croisent jamais.

À cette période, c'est aussi la révolution du streaming. Sa comptabilisation dans le calcul pour les certifications[1] fera entrer l'histoire de notre culture dans la légende. Durant les années qui précèdent, le Rap ne représente que 16 % des albums dans le Top 200. En 2016, il affiche déjà le double avec 30 %, et en 2018, 48 %. Aujourd'hui, 80 % de la musique consommée en France est du Rap. Un véritable hold-up.

Et, comme toujours, l'argent est le nerf de la guerre. Le Rap explose, se démocratise, les chiffres de ventes numériques s'envolent. Logiquement, donc, les parts du gâteau à se partager devraient être bien épaisses. Et tout aussi logiquement, la plus grosse devrait revenir à l'artiste... C'est malheureusement loin d'être le cas. Lorsque Gradur obtient un disque d'or en seulement trois jours en classant son album *L'Homme au bob* en haut du podium, il a sa notoriété, mais pas les moyens encore de remplacer sa voiture. D'autres rappeurs très en vue remplissent des showcases à travers la France pour des cachets de huit cents euros. L'artiste Souffrance résume bien la situation : « J'sais pas si c'est des maisons d'disques ou bien des maisons closes. »

Au même moment, de nouveaux styles éclosent, avec, entre autres, l'arrivée tonitruante de MHD, PNL ou encore Damso sur la scène musicale. L'afro trap, le cloud Rap, ou

1. Le Snep (Syndicat national de l'édition phonographique) assure la comptabilisation et la certification des ventes.

la drill un peu après, font émerger une multitude de très jeunes rappeurs, souvent accompagnés par de tout aussi jeunes collaborateurs méconnaissant les rouages de l'industrie. Les astérisques au bas des contrats ne sont pas lus assez attentivement. Cette inexpérience fait le bonheur des labels, dont le cœur de métier est de vendre du rêve à des gosses de pauvres, en s'enrichissant le plus possible au passage. Cette aristocratie des maisons de disques a alors la bouche dégoulinante de la crème du gâteau que nous avons confectionné à la sueur de notre front.

Prenons une enveloppe de production de cinquante mille euros. Certains producteurs (trop nombreux) décident de faire le job avec seulement vingt-cinq mille euros et de coffrer le reste. Quelques réalisateurs, eux aussi, piochent dans la brioche en douce.

Le Rap fait désormais tout le contraite qu'autrefois : il produit avec le minimum pour empocher le maximum.

Qui en fait le plus les frais ? Les petites mains, tous les artisans, Vixens en tête. Comment l'entreprise rémunère-t-elle les femmes qui ne sont même pas en bas de l'échelle, mais un pied dans le caniveau ? Soyons clairs, jamais une meuf de clip n'a choisi ni ne choisira ce métier pour l'appât du gain et l'argent facile. Ou si l'idée lui a traversé la tête, elle a vite déchanté. Au sommet de ma carrière, je pouvais espérer un cachet autour de mille trois cents euros par jour de tournage, quand les Vixens moins expérimentées empochent trois cents euros, sans parler des mineures recrutées sur les réseaux qui, elles, ne touchent rien.

Mais pour pouvoir estimer le sacrifice, il faut savoir à quoi ressemble une journée type. Généralement, une Vixen est prévenue à la dernière minute, tard le soir ou très tôt le matin. Même dans l'urgence, hors de question d'arriver à l'arrache, non préparée. Car blacklister une fille est aussi rapide et indolore que tirer une bouffée d'amnesia. Il faut donc se préparer à incarner un rôle, en adéquation avec la direction artistique du projet (qui lui est briefé en trente secondes), et donc anticiper ses tenues et accessoires. Naturellement, la plupart des productions ne gaspillent pas leur budget pour donner de l'allure à une Vixen. C'est sur ses propres deniers qu'il faut compter. Et une tenue ne sert qu'une fois : hors de question pour un rappeur de voir une de ses égéries revêtue des mêmes atours dans le clip d'un concurrent. Chaque Vixen crée son propre personnage et imagine son style avec soin : des plumes, du feu, des strass ou des paillettes, du vinyle ou du cuir, de la lingerie et de la dentelle, les Pleaser[1] et leur plateforme en plexiglas, les perruques aux couleurs criardes…

Nous devons alors nous rendre sur le lieu de tournage, à nos frais, souvent dans des banlieues éloignées, à des heures indues. Une fois arrivées, on doit se changer dans un Uber ou sous un porche, puisqu'il est rare que soit prévu un espace sécurisé dédié aux Vixens. Il faut ensuite batailler pour son cachet, pour avoir le cash tout de suite, pour avoir le droit à un minimum d'égards. Et c'est parti pour des heures, debout, sur des talons aiguilles, à se baisser, se relever, se mettre derrière, devant mais pas trop (une Vixen qui dure, c'est une Vixen qui fait preuve de discrétion, les rappeurs ont le goût de l'exclusivité), se décaler, et recommencer des

1. Marque de chaussures à talons aiguilles et à plateformes en plexiglas.

dizaines et des dizaines de fois. Et de nouveau se changer sur un coin de trottoir à quatre heures, régler son taxi pour rentrer et ne pas voir son nom apparaître dans les crédits. Jamais remerciées, très peu respectées. Quand on sait que la plupart des filles ont suivi des cursus de danse, des cours de théâtre, maîtrisent le pole dance, le trapèze, la pyrotechnie, les arts du cabaret et du burlesque…

Il n'y a rien de gratuit dans l'argent facile.

À cette époque, une trentaine de filles se partage le marché à Paris. Et une dizaine à peine parvient à en vivre modestement en multipliant les performances. Le corps et l'ego abîmés, un rôle de mère accaparant, ou des reconversions sur le tard conduisent les Vixens de la première génération à se retirer progressivement du *game*. Ainsi, Solange tourne de moins en moins. Moi, si j'arrive à payer mon loyer et à alléger un peu les frais quotidiens de mes parents, c'est parce que je m'épuise dans le Rap, dans une relation, si ce n'est perverse, du moins passionnelle. Côté face, l'impression de vivre une jeunesse à l'âge d'or du rock'n'roll. Prendre son petit déjeuner en robe de cocktail sur un clip de A2H, dîner dans les coulisses de L'Olympia avant le show de Jok'Air, dormir du sommeil du juste sur le velours d'une banquette au Pink Paradise. Être indépendante, ne pas rendre de comptes. Côté pile, se trouver disponible tous les jours, à toute heure. Si je ne m'effondre pas, c'est uniquement grâce à une maîtrise savante des microsiestes et un usage quasi compulsif de RedBull tiède et d'OCB brunes. Dans ma course aux contrats, je saute de trop nombreux repas. Un jour, mon médecin traitant m'annonce que je suis passée sous la barre des quarante kilos et que je me mets en danger. Si je persiste avec ce train de vie, je ne vais pas durer.

Les Vixens se réunissent au gré de leurs affinités. Parfois, il arrive que l'une d'elles fournisse un plan à l'autre et se prenne un petit pourcentage sur sa part. Un accord doit être trouvé en toute transparence. D'autres fois, il arrive qu'une fille s'arrange avec un réalisateur pour prendre un billet sur le dos d'une autre. C'est notamment ce genre de conduite qui fait naître une méfiance entre nous. Et, souvent un peu secouées par la vie, les Vixens n'accordent jamais totalement leur confiance. Chez elles, ma place est à part. Je suis la dernière arrivée parmi les pionnières, et la première arrivée pour ouvrir la voie à une nouvelle génération.

*

Bercy, hôtel Pullman.

Un dimanche après-midi. Une suite duplex a été réservée pour un rappeur allemand au nom imprononçable. C'est Sheryl qui nous a mises sur le coup Solange et moi, le matin même. Je n'ai pas réfléchi trois plombes : six cents euros pour trois heures de présence. *Dress code* sobre, robe noire, ambiance soirée poker, pas de scène en lingerie. Ces tournages improvisés sont mes préférés. L'adrénaline quand on ne sait pas à quoi s'attendre, et qu'on vit ses journées à deux cents à l'heure. En plus, je suis avec mes sœurs.

Lorsque nous arrivons avec Solange dans la salle de bains (déjà occupée par une dizaine d'autres filles), c'est une Sheryl contrariée qui nous accueille.

— Quand je vous dis que c'est urgent, c'est pas pour me rejoindre mille ans plus tard. Vous faites trop les stars.

— On est là maintenant, c'est quoi le plan ?

— J'ai rencontré l'artiste quand je dansais en club à Düsseldorf. On a fait un clip ensemble il y a quelque temps. Lui et son équipe sont de passage à Paname pour le week-end et se sont décidés à cliper à la dernière minute. Ils m'ont appelée hier soir pour me dire qu'ils avaient besoin de deux ou trois filles et…

Je coupe la parole à Sheryl :

— C'est qui toutes ces meufs alors ? J'en connais aucune, c'est chelou.

— Aucune idée. Ce matin, les gars m'ont dit qu'ils avaient besoin de silhouettes pour mettre en scène une soirée. La suite, tu la connais, ils ont posté une annonce sur Insta. Les filles que tu vois, c'est la récolte de leur DM[1].

Solange soupire bruyamment.

— Des petites qui sont venues gratos, encore ! Elles ont l'air de plus en plus jeunes. C'est quoi ces gars qui se comportent comme des amateurs ? Ils se mettent en danger, en faisant prendre tant de risques à la prod.

— C'est surtout les petites qui se mettent en danger. Sheryl, on fait quoi là ? On doit être prêtes dans combien de temps ?

— Meuf, vous auriez déjà dû être prêtes il y a une demi-heure, je sais pas dans quelle langue vous dire que c'est urgent.

— Tranquille, on te retrouve sur le set dans dix minutes.

1. Sigle de « Direct Message » : sur diverses plateformes, message privé envoyé à un destinataire unique.

Solange et moi nous mêlons aux débutantes pour trouver un bout de miroir. Ce serait dommage d'arriver avec nos faux cils de travers. En vrai, je pourrais le faire dans le noir. J'ai la dextérité d'un chirurgien, en quelques secondes, je grime mes yeux tristes en grand regard de biche. Ça impressionne une des jeunes femmes, qui me complimente.

— Waouh ! Tu arrives toujours à les placer du premier coup ? J'aimerais bien en mettre moi aussi, mais je n'y arrive pas. J'ai niqué toutes mes paires.

— C'est une question d'habitude. Au début, moi aussi, j'ai eu de la colle dans l'œil. J'ai une autre paire, si tu veux je te les pose.

— Merci beaucoup, c'est gentil.

— Tourne ton visage vers la lampe et ferme les yeux. L'astuce, c'est de couper les extrémités du cil afin qu'il soit parfaitement à la taille de ton œil et de ne pas mettre trop de colle. Tu t'appelles comment au fait ?

— Merci, je crois que j'ai capté. Je m'appelle Maya, c'est mon premier clip, mais j'ai déjà fait quelques shootings photo…

Solange nous interrompt sans cérémonie :

— Oh, Mère Teresa ! Quand tu as fini avec la petite, ramène ton cul, j'ai hâte qu'on en finisse.

Juste après notre passage, une scène de poker sans grand intérêt et des attitudes lascives sur une musique banale dont je peine à me rappeler les contours. Tandis que je me change dans un bout de couloir, je prends un instant pour partager ce qui me trotte dans la tête avec Solange et Sheryl.

— Les filles, on est d'accord que nous on ramasse chacune six cents balles et que les petites ne touchent rien ?

— Tu vas t'en plaindre ? me lance Solange en haussant les sourcils.

— Nan, je dis pas ça. Mais c'est vous-mêmes qui m'avez appris qu'on est perdantes sur le long terme à laisser des filles cramer notre image en faisant ça gratos.

— C'est sûr que plus on nous voit, moins on nous paie. Mais où tu veux en venir ? m'interroge Sheryl.

— L'idée, ce serait qu'on arrête d'en faire trop. Qu'on sélectionne nos projets avec plus de soin. Qu'on laisse le devant de la scène aux plus jeunes et qu'on essaie de les accompagner comme vous l'avez fait avec moi.

— Mais on y gagne quoi ? rétorque Sheryl, dubitative.

— Des consœurs et non des rivales. Si on n'intervient pas, dans deux ans, plus personne ne paiera une Vixen. Et puis, moi, je fatigue. Vraiment.

— J'ai toujours été sympa avec toi parce que Solange t'adore. Moi, j'avoue, je pensais que tu abandonnerais dès la première année. Force est de constater que tu t'es bien débrouillée. T'es une fille intelligente. Mais ne fais pas ta grande avec moi, j'ai presque quarante ans, et je ne tolérerai pas qu'une pétasse que j'ai aidée à commencer m'explique comment gérer mon business. Quand je pense que c'est moi qui vous ai filé le plan pour ce casting…

Solange s'interpose.

— Elle pensait pas à mal, j'en suis sûre. Le moment était mal choisi, je te l'accorde. Et t'as raison, nous sommes les invitées sur ton casting. Tu le gères comme tu veux.

Elle se tourne vers moi.

— Ma sœur, tu peux prendre des initiatives sur tes propres tournages, mais sur ceux d'une collègue, tu restes à ta place. Sheryl, par contre, la prochaine fois que tu traites ma petite de pétasse, je te casse une dent.

L'idée de se rassembler pour faire front germe véritablement dans ma tête. Les renard(e)s sont des animaux a priori solitaires, ils ne se réunissent que par nécessité, pour fonder une famille, former la jeune génération, ou pour se protéger. C'est une réalité indéniable concernant les femmes, en particulier celles qui se donnent le droit d'être « libres » : isolées, nous sommes des proies faciles. Ensemble, nous devenons une force à craindre.

Et si certaines de nos réactions paraissent parfois insensées, c'est sûrement qu'avec le poids des années, nous avons banalisé la violence dans laquelle baigne notre industrie. Il faudra donc un cran de plus pour me décider, il faudra malheureusement que l'histoire tourne au drame, que l'abjection devienne trop insupportable pour qu'on puisse l'ignorer.

CHAPITRE VII

Il y a quelque chose de plus puissant que tout. Plus puissant que la musique, l'amour ou la sororité : l'omerta.

Elle règne en maître dans l'industrie du Rap français. Permet à des hommes d'utiliser et de détruire les femmes à leur guise. Est-ce que certains tournages font l'objet de rumeurs ? Entend-on parler de la réputation de quelques producteurs ? Oui, les histoires circulent, nombreuses. Mais tant qu'on n'a pas assisté à certaines scènes, on se convainc que ce n'est pas possible.

Seulement, un jour, on ne peut plus faire semblant.

Il y a des aspects que je chéris dans ce milieu. Tout le monde a sa chance, peu importe d'où il vient. Les parcours tortueux sont respectés, voire valorisés. Tu veux t'essayer à la production ? À la technique ? Tu n'auras besoin que de ton audace pour commencer. Et les échelons peuvent ensuite se gravir très vite. Je ne connais aucune autre industrie où cela est possible. Le Rap honore la promesse illusoire que la France a faite à notre jeunesse : celle de l'égalité des chances.

Hélas les Vixens, elles, ne sont pas concernées par ces opportunités, cette tolérance. Une Vixen, en choisissant de se dévêtir dans un clip, signe son suicide social. Mieux vaut ne pas trop s'en approcher, et s'assurer qu'elle reste dans son domaine de compétences. La majorité des membres de cette industrie ne connaissent même pas nos codes. Ils n'ont aucune idée du tarif moyen que nous appliquons, ne s'intéressent pas à nous, ni de près ni de loin. Si j'ai souvent eu des accueils courtois et chaleureux de la part des artistes et des réalisateurs, je dois aussi reconnaître qu'un certain nombre d'entre eux ont fait preuve d'un profond mépris à mon égard.

Cet artiste, que je ne citerai pas, qui a la particularité de ne jamais montrer son visage, fait un jour appel à deux Vixens, dont moi. Tout le temps que dure le travail, il refuse de nous adresser la parole ou même de nous regarder. Il parle de nous à la troisième personne. Malgré son masque, je le vois afficher un rictus de dédain.

Aussi désagréable que cela puisse être, c'est presque anecdotique par rapport aux drames qu'ont vécus certaines de mes sœurs.

Car le mépris vire très vite à l'insulte, qui glisse sournoisement jusqu'à la violence, pour finir parfois (trop souvent) en actes de barbarie.

*

Elle se prénommait Saphir. Elle aussi sortait de l'enfance, elle avait un an de moins que moi.

Je ne l'ai rencontrée que deux fois. La première, c'était sur un tournage, lors d'une journée caniculaire du mois de juillet. Le soleil était à son zénith, Saphir aussi. Elle se prélassait sur une chaise longue, au bord de la piscine d'un pavillon de La Celle-Saint-Cloud loué par la production. Son visage était dissimulé sous sa capeline en raphia, son maillot de bain doré venait se fondre dans le miel de sa peau, elle était l'incarnation de la beauté du Sud, bien des années avant qu'un Jacquemus s'approprie l'élégance méditerranéenne. Cette petite Arabe était à l'avant-garde. J'étais en face d'elle, et à force de l'observer, mes yeux noirs sont venus troubler sa dolce vita. Elle a fait tomber sa capeline, révélant entièrement son visage, dévoilant sa splendeur avec ses cheveux, cascade de grandes boucles cuivrées, et ses yeux bleu lagon venant rappeler le fond de la piscine. Son charme était tel que son maquillage semblait dérisoire.

Saphir m'a rejoint sur l'autre rive d'un pas énergique, voulant sûrement me demander si j'avais un problème à l'observer d'un regard sombre. Je ne lui en ai pas laissé le temps.

— J'aime trop ton chapeau, meuf! Tu l'as acheté où?

Elle semblait étonnée par l'objet de mon intérêt, elle pensait sans doute que je la regardais de travers.

— Ah, c'est un cadeau de ma sœur, il vient de Tunisie.

— T'es tunisienne alors?

— C'est ça, toi aussi?

— Non, juste à côté. Je suis moitié allemande, aussi.

— Ça doit être pour ça que t'avais l'air énervé quand tu me regardais, s'amuse-t-elle.

J'ai ris.

— Désolée de t'avoir fait mauvaise impression, mais t'as grave du style, ça se remarque, meuf.

— C'est gentil, merci. Une des filles a jeté ma paire de talons à la poubelle, j'en ai peut-être trop, du style je veux dire.

— Comment ça ?

— Ce matin avant que t'arrives, j'avais une scène avec l'artiste, on devait se balader avenue Montaigne en savourant une glace, tu vois le genre ? Bref, je passe par le *make-up* après coup, et tombe sur une des filles qui, elle aussi, voulait cette scène. Elle s'est mise à crier sur le réal et à m'insulter. Du délire.

— Je comprends mieux pourquoi tout le monde est tendu, je pensais que c'était à cause de la chaleur.

— Attends, c'est pas fini. Je suis restée concentrée, je voulais pas faire d'histoires vis-à-vis du réal avec qui j'ai déjà bossé. Mais avant de partir, cette connasse a mis du vernis à ongles sur mes escarpins en satin et les a balancés dans une benne, deux maisons plus loin ! J'ai mis une demi-heure à les trouver.

— T'as eu raison de rester concentrée, elle a fait ça pour deux raisons selon moi. La première, c'est pour te pousser à faire une erreur. La deuxième, c'est parce qu'elle a eu peur de toi. Ça fait longtemps que tu clipes ?

— J'ai commencé au printemps et depuis j'enchaîne. Et toi ? T'as débuté avec les anciennes, nan ? Les filles racontaient des anecdotes de vos tournages, ce matin dans les loges.

En écrasant ma cigarette, je l'ai regardée tendrement, et j'ai eu comme un pincement au cœur. Sûrement parce que j'ai vu en elle la candeur que j'avais avant que ce *game* ne m'abîme. Ma bouche a recraché une fumée blanche en guise de réponse.

Au fil de la conversation, je lui ai expliqué ce que j'ai compris du milieu, parfois sordide, qui installe une compétition malsaine. Surtout quand on arrive sur le devant de la scène rapidement, tandis que d'autres attendent leur tour une carrière durant. Chacune sa motivation : la lumière, s'en sortir, exister. Elle m'a expliqué qu'elle n'est pas de celles qui choisissaient d'être Vixen dans l'espoir d'être reconnues, elle faisait ça pour ramasser un peu d'argent. Saphir a été appelée pour une scène et s'est éloignée d'un pas assuré.

En quelques mois, rapidement, sûrement trop vite, elle est devenue elle aussi une des *it girls*[1] du moment. Certains artistes allèrent même jusqu'à reporter des réalisations afin qu'elle soit disponible. Du jamais-vu dans le Rap, où nous sommes habituellement traitées comme des accessoires interchangeables. Saphir était jalousée par pas mal de filles, qui voyaient son succès d'un œil inquiet. Contrairement à elle, j'ai eu la chance d'avoir mes grandes à mes côtés pour me guider, Solange en tête. Personne n'a mis en garde Saphir sur les personnages malsains du métier, elle s'était enfermée dans sa solitude, sans sœur pour veiller sur elle.

Un an après ma rencontre avec elle, c'est un nouvel été qui commence. La période estivale est une saison particulièrement rentable pour l'industrie, et donc pour les Vixens.

1. Femme qui suscite l'attention des médias de façon subite et parfois temporaire.

Entre la préparation des clips pour les projets de la rentrée, les concerts, les festivals et les tournages de dernière minute pour des hits improvisés, la charge de travail est colossale. Souvent, le soir, après nos missions respectives ou communes, je retrouve les autres Vixens dans une brasserie du sixième arrondissement, qui a l'avantage non négligeable de fermer très tard. Je suis attablée avec mon trio préféré, Solange, Sheryl et Lettysha. Cette dernière a proposé à deux autres filles de passer, Carmen et Tasha. C'est la première fois que je les vois.

— Letty, c'était comment votre tournage aujourd'hui ? demande Sheryl.

— C'était éclaté. Dans le fin fond du 77, trois heures de retard, pas pro du tout. Et bien sûr, on a payé le taxi nous-mêmes.

— Une journée pas rentable comme on aime, quoi.

— Ce soir on va se refaire, intervient Tasha. Saint-Michel nous a proposé à Carmen et moi deux passages sur scène, en club. Venez nous voir danser ! Le thème, c'est la « West-Side », ça va être cool.

Lui porte le nom d'une célèbre station de métro touristique du sixième arrondissement.

Cet homme de quarante ans est un ambitieux n'ayant jamais percé en tant que rappeur. Ses amitiés avec quelques Vixens lui permettent de garder un orteil dans l'industrie, bien que l'industrie ne lui ait jamais prêté la moindre considération. Il se prétend officiellement « créateur d'une agence de modèles », organisateur d'événements ou producteur, selon son interlocuteur. Je le découvrirai plus tard, mais il est surtout dans l'ombre un proxénète notoire.

Parce que c'est l'été et qu'on n'a rien de mieux à faire après le boulot, on décide de passer à cette soirée vers deux heures. Devant le club de la rue de Rivoli, le trottoir déborde de monde et, c'est assez rare pour être noté, la quasi-totalité des Vixens que je connais dans le *game* sont là. Nous peinons à rejoindre le carré privé tant la piste est remplie.

De la piste de danse, chacune d'entre nous prend le temps de saluer les connaissances et collègues que nous croisons sur le chemin, jusqu'au fond du club. Je laisse Solange, Sheryl et Letty à leurs salutations et prends place sur le premier bout de banquette disponible pour soulager mes pieds des seize centimètres sur lesquels je tiens en équilibre. Plus intéressée par le rendez-vous prévu avec mon amant du moment que par l'environnement, je pianote sur mon téléphone sans prêter attention à la fille à côté de qui je me suis installée. Des doigts manucurés d'une french carrée couleur layette viennent tapoter mon écran.

— Eh bien, il doit être soit très beau soit très riche le mec à qui tu écris, pour que tu ne me salues même pas.

C'est Saphir, encore plus resplendissante un an après.

— Ma beauté ! L'amour rend aveugle, tu sais bien.

— J'ai visé juste. On est vraiment toutes les mêmes, *bad bitchs* au cœur fragile, me lance-t-elle en souriant.

— Tu as fait plein de jolis projets cette année. Bravo !

— Je te remercie. Mais la visibilité, ça m'intéresse pas, c'est pas ça qui paie. Je bosse surtout avec Saint-Michel. Il me laisse un pourcentage pas ouf. Bon, et toi aussi, quelle année ! Tu étais partout, meuf !

Il est de notoriété publique qu'un certain nombre de

mecs bookent des Vixens et se font de l'argent sur leur dos. Ça ne m'a jamais traversé l'esprit de les approcher, car j'ai eu la chance de me faire des contacts facilement. Mais je ne juge pas celles qui ne connaissent personne et cherchent un moyen de multiplier les projets.

— Merci, ma sœur. C'est pas normal, cette histoire de pourcentage. C'est pas lui qui danse en string. Je réfléchis de plus en plus à faire bouger les choses. C'est encore un peu flou, il faut que j'en discute avec les filles.

— Ça m'intéresse ! En parlant des filles, j'ai entendu des copines à toi dire que tu es une hypocrite. Que si ça fonctionne pour toi, c'est parce que tu joues à la babtou avec tes gants en dentelle et tes chemises à col Claudine. Du coup, j'imagine que ça parle pas mal sur moi aussi. Tu n'as rien entendu à mon sujet ?

Je souris, car je ne suis pas surprise. Dans ce milieu, tout le monde parle sur tout le monde.

— Saphir, je sais pas de qui tu parles et pour être honnête je préfère ne pas le savoir. Si je peux me permettre un conseil, parce que j'aime bien le peu que je connais de toi : j'aime mes sœurs plus que tout, mais je n'ai confiance qu'en mes doutes. Continue d'avancer et de monterx, mais sois prudente dans tes amitiés. Notre monde n'est fait que d'illusions perdues.

— Haha, tu es poète ? Moi aussi, je t'aime bien. J'espère qu'on n'attendra pas encore un an pour se croiser et que d'ici là, on sera toutes les deux au zénith. Moi, je pars dans quelques semaines dans un club de strip à Miami avec Saint-Michel, histoire de coffrer un max rapidement.

— Avec Saint-Michel ? Tu pars toute seule ?

Le voilà qui surgit, nous interrompant. Je ne lui ai alors jamais parlé, je sais juste qu'il gravite dans le milieu depuis des lustres. Solange m'a toujours dit de l'éviter au maximum.

— Ça va la star? me lance-t-il avec un œil torve. Vous auriez dû me dire que vous veniez, je t'aurais mise bien avec tes copines.

— Ça va aller. Je passe juste en coup de vent.

— Et le boulot? Tu t'arranges comment avec tes copines quand vous tournez ensemble? Tu prends un pourcentage? Je les connais depuis l'époque, tes potes, d'ailleurs.

— Dans ce cas, tu dois savoir comment on taffe. Ou alors elles t'ont très mal expliqué.

Il ne relève pas mon ton sarcastique. Et rapproche sa tête de poisson frit de mon visage. Je ne sais pas exactement ce que Solange reproche à ce type, mais je dois bien admettre qu'il respire la perversité la plus crasse.

— Je serais très heureux qu'on bosse un jour ensemble. Je peux créer du contenu pour tes réseaux, te booker sur des tournages d'artistes US ou sur des résidences en club à L.A. Même si c'est pour une seule collab, tu es vraiment la bienvenue. Saphir me donnera ton numéro.

Saint-Michel sait très bien qu'une Vixen ne partage jamais le numéro d'une autre. Ça fait partie des règles tacites. Il est clairement dans la provocation.

— Je t'ôte d'un doute, Saphir n'a pas mon numéro. Bon, je vais aller tipser un peu, lancé-je en regardant les filles danser sur le podium.

— Ah, c'est bien, t'as le mental d'Atlanta, c'est rare, les gens qui tipsent à Paris.

Je m'éloigne et glisse un billet de vingt euros dans le

collant résille de Carmen, qui danse sur « Bad and Boujee » de Migos. Je me dirige ensuite vers le fumoir qui réussit le tour de force d'être bien moins étouffant que mon échange avec Saint-Michel. Ce dernier s'est approché de Lettysha à une autre table, certainement pour lui sortir la même tirade. Mon instinct me dit de les rejoindre pour ne pas laisser mon amie seule avec lui.

Je suis arrêtée dans ma lancée par Solange et Sheryl qui sont sur le départ, elles me proposent de partir avec elles. Mais j'ai mes secrets. Depuis mes dix-huit ans, je trahis un des préceptes les plus importants pour une Vixen. J'ai craqué sur un mec du *game*. Régulièrement, je reçois un message de lui, généralement vers trois heures :

« Je viens de sortir du studio. T'es dispo ? »

Si Solange le savait, elle m'arracherait mes faux ongles l'un après l'autre pour avoir mis notre réputation en péril en trahissant la première règle que Hout Kov et elle m'avaient enseignée. Je décline la proposition, prétextant que je ne suis pas fatiguée. Solange me fait promettre de lui écrire une fois rentrée. Je retrouve Tasha et Saphir à la table où je les avais laissées vingt minutes plus tôt. Je me sers une canette de RedBull et Saphir prend un Coca.

Je suis absorbée par les textos que j'échange avec mon amant et relève la tête une fraction de seconde.

— Qu'est-ce qu'il se passe ? Elle est pas bien ?

La tête de Saphir penche dangereusement sur la droite.

— Elle a trop bu, et la lumière lui fait mal aux yeux, me souffle Tasha.

— Ah, OK, dis-je d'un air distrait, toujours à pianoter sur mon téléphone.

Puis je me lève, pressée de retrouver celui qui me rend si absente ce soir.

Cinq minutes plus tard, alors que je viens d'embarquer dans mon taxi, je vois Saint-Michel, Tasha et Carmen sortir en soutenant Saphir sur le trottoir. Ils s'engouffrent tous dans un van noir stationné devant le club.

Après ça, je ne suis pas tranquille. Les jours passent sans que je parvienne tout à fait à identifier la cause de mon angoisse. Je consulte frénétiquement les notifications de mon portable, comme si j'attendais une alerte. Un matin, je mets le doigt dessus : je n'ai vu aucun signe de vie de Saphir depuis qu'elle a quitté la boîte, somnolente, escortée par ces gens. Plus j'y repense, plus les détails me paraissent louches, comme si le film se rejouait dans ma tête sous un prisme différent. Semaine après semaine, ses réseaux restent étrangement inactifs. Inhabituel pour elle. Je prends mon courage à deux mains et me décide à en parler aux filles, au détour d'un de nos appels conférence du dimanche soir. J'ai presque peur qu'elles m'annoncent une mauvaise nouvelle, mais reçois plutôt une leçon de morale.

— J'espère que tu n'en parles qu'à nous, hein, de Saphir. Les murs ont des oreilles, me lance Solange.

— Tu sais bien qu'on se mêle pas du business des autres, trace ta route et arrête de poser des questions, ajoute Lettysha.

— Mais vous me faites quoi, là ? Vous savez des choses ?

Je ne comprends rien, mon rythme cardiaque s'accélère. C'est quoi ce bordel ? Ça n'est pas leur genre d'éviter de potiner.

— Arrête ta parano, intervient Sheryl. On a des règles,

et même si elles sont implicites, on les respecte. T'es jeune, mais tu as déjà pas mal roulé ta bosse, c'est dingue de devoir te rappeler l'essentiel. Ne fourre pas ton nez dans les affaires des autres, tu te mets en danger toute seule.

— Nan mais sérieux, calmez-vous, je vous demandais juste si vous aviez des nouvelles de Saphir.

— Il y a des tas de filles qui arrêtent le métier du jour au lendemain. Elles rencontrent un mec ou la religion. Peut-être qu'elle a économisé suffisamment pour vivre loin d'ici, il y a des tas de raisons.

Cette discussion commence à me peser. Elles me prennent clairement pour une gosse turbulente qui vient déranger leur tranquillité que je devine factice.

— Il y avait un truc de pas normal, quand même. Elle s'est sentie mal juste en prenant un Coca. Et elle n'avait pas l'air sereine. On peut pas faire preuve d'un peu de sollicitude les unes envers les autres ? Ou a minima d'attention ?

— La sororité, c'est quand ça t'arrange, me balance Sheryl. Tu aurais dû rentrer avec nous ce soir-là. Et qu'est-ce que tu foutais à la table de Saint-Michel ?

— Saint-Michel ? Qu'est-ce que vous savez sur ce gars ?

Solange prend une profonde inspiration et laisse passer plusieurs secondes.

— Je t'ai déjà dit de ne pas l'approcher. Ça aurait dû te suffire comme explication. Mais si tu veux le pedigree complet du bonhomme, écoute-moi bien. Ça fait quinze ans que je le croise dans toutes les soirées, il a tenté longuement de percer dans le Rap en tant qu'artiste, sans succès. Il organise, comme tu le sais, des événements où il fait se rencontrer tous les gens du secteur. Comme le morpion qu'il est, il a réussi sans aucun talent. Mais la vérité, c'est que c'est un putain de *pimp*. Et qu'il piège les filles depuis des années.

— Saint-Michel ? Sérieux ? Un connard pervers, oui, je veux bien te croire, mais un *pimp* ? T'es certaine ?

Je n'en reviens pas.

— Il affiche une fausse réussite matérielle pour inciter de très jeunes filles à venir se lancer dans le *modeling* à Paris, en les recrutant en Belgique, Espagne, Europe de l'Est, au Maghreb ou dans les départements français d'outre-mer. La mécanique est bien huilée. Une fois sa proie arrivée à la capitale (qu'il a préalablement travaillée pendant des mois sur les réseaux, en faisant miroiter des week-ends de rêve à Dubaï), Saint-Michel l'installe en compagnie d'autres jeunes victimes dans des trous à rats au loyer exorbitant. Il confisque les papiers d'identité de ses ouailles et le rebaptise de pseudonymes dignes des plus grandes stars du X, du genre Mia Medelin, Yelena Tiger ou Beverly Jones. Sous son autorité, les filles commencent par faire de la petite figuration sur des tournages de gros rappeurs. Mais Saint-Michel propose tous types de service. Il fait tapiner ses filles avec des clients à lui. Ils se paient une fellation pour cent balles ou une intégrale pour trois cents, dans un van stationné devant le club ou une chambre louée pour l'occasion. Le petit truc en plus de ce connard ? Il fait tatouer son logo sur le corps de ses filles. Il les marque comme du bétail.

— Quoi ? Mais t'es sérieuse ? Pourquoi les filles restent avec lui ? Et Saphir, ça marche bien pour elle maintenant, elle n'a plus besoin de passer par lui.

Je suis ulcérée d'une part de découvrir les méthodes de

ce porc, mais aussi de constater l'ampleur de l'omerta qui règne dans le milieu.

— Elle reste, car il manie l'art du chantage comme une crapule, me dit Solange dans un souffle.

— Mais quel chantage ?

Personne ne répond et je sens que l'ambiance est encore un peu plus lourde. Lettysha change de sujet. La conversation s'achève et je passe une nuit agitée.

Un peu de temps s'écoule et je ne vois toujours aucune nouvelle de Saphir. Le manque d'intérêt général me fait croire quelques instants que j'ai peut-être eu tort, et j'espère que mon inquiétude est infondée.

Environ deux mois après, une série de courtes vidéos tourne dans les coulisses des productions, dans les clubs, et dans les loges des Vixens. Une jeune fille, filmée à son insu dans une chambre d'hôtel, est allongée sur un lit, apparemment inconsciente, à moitié nue. Une séquence montre deux hommes qui l'entourent, prêts à passer à l'acte. Sur une autre, on distingue une main de femme qui lui enfile un godemiché entre les cuisses.

Voilà donc comment Saint-Michel tient ses proies. Avec des viols filmés sur des jeunes filles qu'il a soumises chimiquement et psychologiquement.

Lorsque je regarde une première fois les images, glacée d'effroi, je n'identifie pas la victime. Peut-être que mon inconscient me protège. Car ce visage, je le connais pourtant bien, tant il m'a charmée et continue à me hanter. Il me faut donc un deuxième visionnage pour réaliser l'inconcevable.

Je reconnais le motif de la robe à moitié relevée, cette même robe qu'elle portait à la soirée.

La fille de la vidéo, c'est Saphir.

Progressivement, les langues se délient. J'apprends que les extraits ont été envoyés par Saint-Michel à la famille de Saphir, en Tunisie, dans le but de lui extorquer de l'argent. Comme si détruire sa vie ne suffisait pas, il faut rentabiliser au maximum.

Cet épisode n'est pas le premier du genre, encore moins le dernier. Les histoires de celles qu'on appelle les « étoiles filantes », celles qui ont illuminé le *game*, qui ont scintillé si fort que la lumière des autres étoiles en paraissait terne. Elles connaissent leurs secondes de gloire, et à leur point d'incandescence, elles se consument en entrant dans notre atmosphère… Jusqu'à ce que la barbarie vienne les éteindre.

Plus tard, je comprends ce que Solange voulait dire quand elle parlait de chantage : les vidéos faites ce soir-là n'étaient pas destinées seulement à détruire l'image parisienne de Saphir mais aussi à permettre à cette pourriture de Saint-Michel de garder Saphir sous son joug. La honte et la disgrâce n'ont pas de prix.

J'ose à peine imaginer ce que Saphir a dû traverser les mois après le viol collectif que ces enfants du diable lui ont infligé. J'ose à peine imaginer combien elle s'est sentie seule, terrifiée et humiliée. La douleur, le traumatisme, la solitude, le chantage, la violence, l'injustice et l'omerta deviennent dérisoires face à l'ambition d'un homme. Hélas, pour l'opinion publique de l'époque, Saphir était coupable du crime dont elle avait été la victime.

Au mois de décembre de cette année-là, les filles qui

avaient croisé un jour Saphir se mettent à repartager le dernier post Facebook de sa sœur, qui vient d'annoncer la Salât al-Janâza en son honneur. Personne n'avait le même écho, certaines racontaient qu'elle s'est pendue, d'autres qu'elle avait avalé des médicaments.

Qu'importent les versions, l'issue est la même. La vérité, c'est que Saphir s'est suicidée. Elle avait dix-neuf ans.

CHAPITRE VIII

Après la mort de Saphir, l'ambiance entre Vixens s'alourdit considérablement. Une distance s'installe, la paranoïa monte d'un cran. N'importe laquelle d'entre nous aurait pu y passer. Nous sommes le paillasson sur lequel les hommes du métier s'essuient les pieds. Accablées, nous sommes anxieuses et méfiantes les unes envers les autres, n'osant pas colporter des rumeurs de crainte des représailles. La seule solution pour que la peur change de camp, c'est de se mettre autour d'une table, et de se parler.

Un matin, je me décide enfin à écrire à la moitié des Vixens parisiennes que je connais, Solange se charge de l'autre moitié. Cela fait des mois que ça tournait en boucle dans ma tête, il fallait que je les convoque toutes, l'urgence et la précarité de nos situations allaient provoquer d'autres drames. Mais accepteront-elles de se déplacer pour moi sans savoir de quoi il s'agit ?

À ma grande surprise, oui. La majorité a répondu présente.

Le restaurant Le Chat Blanc, avenue Franklin-D.-Roosevelt, à deux pas des Champs-Élysées, est une élégante brasserie parisienne. Beaucoup de Vixens s'y retrouvent après les tournages pour manger un morceau, à toute heure du jour ou de la nuit. On y rencontre un melting-pot de personnalités (du monde de la musique, du cinéma, de la télévision…). Ils sont tous là, plus ou moins ensemble, mais jamais à la même table. J'y ai encore aujourd'hui mes habitudes.

Vers deux heures, horaire de fin de journée habituel pour une Vixen, une trentaine de filles sont agglutinées dans la salle du fond. Vasta, le responsable, n'a pas pu trouver assez de chaises tellement nous sommes nombreuses. Intimidée devant cette large assemblée, je suis soulagée quand Solange, à qui j'ai déjà confié mon plan sans rencontrer une franche approbation de sa part, décide de parler la première.

— Les filles, notre temps est précieux, donc on va essayer de faire court. La petite me serine depuis des semaines cette proposition. Je ne vous demande pas d'être d'accord, mais au moins de la laisser s'exprimer jusqu'au bout.

— Ah bah, c'est bien aimable de nous laisser notre libre arbitre, Votre Altesse ! siffle une jeune rousse qui ne m'a jamais vraiment appréciée.

Je me sens comme en CM2, quand je devais présenter un exposé la boule au ventre devant toute la classe. Alors que je cherche maladroitement mes mots et que je promène mon regard sur ce public, je réalise à quel point nous sommes belles. Nous toutes. Courageuses et puissantes, des parcours de vie un peu cabossés mais une force incommensurable. Je pense à Saphir, notre martyr, notre soldate inconnue à nous. Et je prends la parole.

— Les filles. Nous ne sommes pas forcées de nous apprécier. Et loin de moi l'idée de vous dire comment travailler et avec qui. Mais on ne peut plus continuer à se mettre des œillères. Pas après Saphir. Pas après les autres, celles dont on n'a curieusement plus aucune nouvelle. Nous devons nous allier et nous protéger mutuellement. Nous ne pouvons plus être les figurantes de nos propres vies, on le fait suffisamment dans les clips.

Tasha, Carmen et les quelques autres qui traînent notoirement avec Saint-Michel chuchotent, en se lançant des regards mi-apeurés, mi-courroucés. Sheryl, qui est pourtant mon amie, m'interroge :

— On va sortir les mouchoirs, ma belle. C'est quoi ton plan, concrètement ?

— On pourrait commencer par établir une grille tarifaire et veiller à la respecter. Ne pas prendre de commissions sur le dos des filles qu'on booke. Et puis, il faudrait qu'on se fasse un peu plus confiance. À défaut de nous entendre, qu'on fasse preuve de bienveillance. Ce serait un bon départ. Ensemble, on est plus fortes.

Si j'ai pensé convaincre avec ces banalités un peu mièvres, c'est raté. Certaines filles s'esclaffent, quand d'autres pianotent sur leur portable en bâillant. Et encore une fois, c'est Sheryl qui me porte un coup.

— Tu nous as fait nous réunir à deux heures du mat' pour nous dire d'être gentilles comme des petites filles ? Pourquoi on est là ? Balance ce que tu as en tête.

Elle a raison après tout. Je dois me lancer, arrêter de tergiverser.

— La plupart d'entre vous me connaissent. J'ai commencé jeune, j'ai travaillé sur des projets très différents et je me forme aux métiers de la production. Même si aucun producteur n'a la délicatesse et la clairvoyance de l'admettre, le Rap a gagné sa place grâce aux Vixens.

Des rires dans la salle, je prends peu à peu confiance.

— Je suis celle qui fait le lien entre les grandes et la nouvelle génération.

Solange m'observe en haussant les sourcils, genre « où est-ce que tu vas comme ça ? ». Je m'efforce de l'ignorer.

— Je viens de créer mon statut d'autoentrepreneuse. Je vous invite à faire de même. Comme ça, vous serez rémunérées sur facture.

— Et tu nous réunis à cette heure pour nous donner des conseils administratifs ? lance Carmen.

— Non. Créer un statut d'autoentrepreneuse c'est juste la première étape pour vous protéger. Ce que je me propose de faire, c'est d'incarner une fonction que personne n'a jamais remplie pour les Vixens : être votre directrice de casting.

Je parcours l'assemblée des yeux en tâchant d'avoir l'air sereine. Contre toute attente, elles ne semblent ni moqueuses ni énervées, mais plutôt circonspectes.

C'est Tasha qui prend la parole cette fois.

— Et c'est quoi ton intérêt, à part te faire du fric sur notre dos ? Tu en profiteras pour prendre toujours le premier rôle, je suppose.

— Tu supposes mal, meuf. Ça fait des années que je branche des filles sur des clips, sans rien en retirer ni me mettre en avant. Si tu crois que je suis Vixen pour chercher la lumière, c'est que tu n'as vraiment rien compris à notre métier. Ce que je vous propose, c'est de vous représenter et me battre pour vos intérêts. Que mon expérience et mes relations avec les prods et labels nous soient utiles à toutes. Encadrer notre pratique pour qu'on ne se fasse plus jamais avoir. La jouer collective. Il suffit pour cela de respecter des règles simples.

— C'est vrai qu'elle est carrée, elle m'a aidée plusieurs fois, lance timidement Maya, la petite à qui j'avais expliqué comment mettre des faux cils.

— Haha ! T'inquiète, elle a jamais sacrifié un premier rôle pour toi, persifle Tasha.

Solange s'avance pour prendre ma défense, mais je l'interromps.

— Ça va, ma sœur. Tu sais quoi, Tasha, tu as raison. On m'a trop vue. Mais meuf, je ne t'ai pas attendue pour me rendre compte qu'il était temps pour nous de transmettre aux plus jeunes. Et puis, tu sais quoi, moi, je n'ai jamais eu besoin d'un proxénète pour payer mon loyer.

Tasha se lève brutalement, sa chaise voltige. Elle lance une pluie d'insultes et de menaces.

Solange intervient avant que la situation ne s'envenime.

— Ma sœur, reste calme dans tes mots, toi aussi. On ne s'est pas rassemblées ce soir pour régler des comptes personnels. Celles qui ont envie de se mettre sur la gueule attendront.

— Calme ta petite, alors, crache Tasha. Tu veux prendre la responsabilité des attaques qui sortent de sa bouche ? Avec une seule lame, je vous perce toutes les deux.

C'est le brouhaha total. Tout le monde parle, donne son avis. Certaines semblent sur le point de partir.

Marion, la doyenne de l'assemblée, une Vixen discrète de quarante-cinq ans préférant les performances en club au Rap, rappelle tout le monde à l'ordre en haussant la voix :

— On est venues pour parler, donc Tasha, c'est toi qui vas rester calme, tu t'assois ou tu dégages d'ici. C'est clair que les petites ne respectent plus les anciennes, mais tu vas rien faire ici. Si tu continues de parler en l'air et de pas mesurer le poids de tes mots, t'auras même pas le temps de dégainer une lame. Ni même ton téléphone pour appeler Saint-Michel à ton secours.

— Merci, Marion. Au moins, voilà la preuve de ce dont je parle... Tout ce que je vous ai expliqué se confirme sous vos yeux. Celles qui choisissent de nier les problèmes qui nous éloignent et la violence qui nous gangrène accéléreront notre fin.

Tasha et sa clique quittent Le Chat Blanc en vociférant.

— Je ne retiens personne.

Mais plus aucune fille ne se lève.

— Bon, on n'a pas fait ce chemin pour rien. Balance tes règles, souffle Sheryl.

Ces règles, je les présente encore aujourd'hui à chaque nouvelle Vixen.

1) *La transparence.* Si vous rancardez une consœur sur un projet, ne prenez jamais de commission sur son dos. Et évitez de le faire au maximum, même avec son accord. De mon côté, je m'engage à ne jamais procéder ainsi. Je prendrai à ma charge les taxis et chambres d'hôtel que les productions ne défrayent pas. Je négocierai mes honoraires à hauteur de

10 % en tant que directrice de casting ; mais directement auprès des productions. Jamais sur le budget des Vixens. Cela éliminera les conflits d'intérêts et les intermédiaires qui grignotent nos cachets. Sur nos tournages, toutes les Vixens auront les mêmes cachets.

2) *La confiance.* Pas de rapport hiérarchique entre nous. En revanche, vous devrez me faire confiance et me laisser vous accompagner pour corriger si nécessaire vos performances. J'attends de vous que vous soyez à l'heure et que vous vous comportiez de manière professionnelle. Pour ma part, je ne vous imposerai jamais une tenue ou une mise en scène qui vous met mal à l'aise. J'agirai avec vous comme j'aurais voulu qu'on agisse avec moi. Je ne laisserai plus aucun vieux type vous dire comment faire votre travail.

3) *La sororité.* Les filles, nous sommes méprisées et malmenées par les acteurs de cette profession. Nous devons impérativement veiller les unes sur les autres. Si vous voyez quelque chose de suspect, il faut parler. Si vous entendez quelque chose, il faut parler. Si quelque chose vous tracasse, il faut parler. À moi ou à une autre, si vous êtes plus à l'aise. Restez groupées, ne rentrez jamais seules. N'ayez jamais honte. Car je vous croirai.

4) *Le respect.* On le sait, certaines d'entre nous font ce métier pour briller plus que les autres. Il n'y aura jamais de favorite dans mes castings. Chaque fille aura le projet qui lui correspond. Toutes les beautés seront représentées équitablement. Tout le monde aura sa place. J'imaginerai chaque casting en amont en m'appuyant sur les *moodboards* ou scénarios. Je vous assignerai vos scènes à l'avance, ainsi il n'y aura plus de place pour la concurrence en plateau.

Évidemment, chacune pourra proposer une personnalisation de ses performances pour apporter sa contribution à la direction artistique.

5) *La loyauté.* Il n'y aura aucune clause d'exclusivité. Chaque Vixen est libre de choisir ses projets et ses collaborateurs, sans se justifier. Personne ne sera jamais obligé de partager ses contacts. Si une maquilleuse, un artiste, ou je ne sais qui vous réclame un numéro, demandez l'autorisation à la personne avant de donner son contact.

6) *Le bon sens.* Ne cédez jamais aux avances d'un homme de l'industrie. Et surtout des rappeurs.

Voilà ce que je vous propose. Essayons ensemble. Je vous demande trois mois pour faire mes preuves.

À la fin de la réunion, je distribue une nouvelle grille tarifaire de nos prestations pour que nous puissions toutes nous aligner sur les mêmes rémunérations minimums.

- 200 € pour une heure de tournage, hors temps de préparation et hors prestation lingerie.
- 500 € pour une demi-journée (cinq heures), 1 000 € pour une journée (huit heures), hors lingerie.
- 200 € de supplément pour les prestations en lingerie. Demandes spécifiques sur devis.

Cette grille tarifaire n'inclut pas les tournages après 20 heures ni les tournages hors Île-de-France (voir grille tarifaire spécifique).

Pour les tournages hors de Paris et les tournages de nuit, le transport et l'hébergement devront systématiquement être pris en charge par la production.

Certaines Vixens sont sceptiques, mais toutes récupèrent la feuille avant de partir.

Assez rapidement, même les mauvaises langues reconnaissent que ça n'est pas mal de m'avoir comme directrice de casting pour veiller sur elles. Pendant ces trois mois, je négocie comme une forcenée tout ce que je peux auprès des principales productions : frais de taxis, majoration pour les tournages de nuit, jours fériés et indemnité de déplacement pour les projets en banlieue ou en province, cachets minimums et liberté de choix des tenues. Au début, on me rit au nez, me rétorquant que mes services ne sont pas nécessaires. Mais quand les réalisateurs et les producteurs se prennent des fins de non-recevoir par 75 % des Vixens de la région – « ah ça, il faut voir avec ma directrice de casting », « je ne réponds plus directement aux sollicitations, désolée » –, ils n'ont d'autre choix que de me prendre au sérieux.

Le plus difficile est de prouver aux filles que je ne me fais pas d'argent sur leur dos et qu'elles sont rémunérées aux mêmes taux. C'est pourquoi je veille à ce qu'on paie dorénavant les Vixens les unes devant les autres, sur facture. Pour des meufs de clip, c'est inédit dans l'industrie du Rap. Rapidement, je développe une forme de maternalisme pour ces femmes dont certaines sont plus âgées que moi. Et de leur côté, elles se rendent compte que c'est plutôt moi qui travaille pour elles que l'inverse.

La vérité, c'est que seule une Vixen peut manager d'autres Vixens. Je connais leur mode de vie, leur situation parfois précaire, parfois dramatique, l'urgence qu'elles ont toutes de s'en sortir, de s'accomplir, et les quelques rêves qu'elles ont réussi à préserver malgré trop de batailles. Je n'ai pas gagné leur confiance ou leur respect par la peur ou le chantage comme Saint-Michel et les autres. Si les Vixens me portent, c'est parce que je les aime comme mes sœurs.

*

La réunion terminée, je m'enfuis pour rejoindre celui avec qui j'échangeais le soir où Saphir s'est évaporée sous mes yeux.

En amour, je n'ai pas connu que des enflures. Et c'est dans la relation la plus étrange qu'est née la tendresse la plus réelle.

Je le vois depuis mes dix-huit ans, de façon sporadique. Je l'appelle « Mon Dealer », car il me donne de l'amour au détail. Il a dix-huit ans de plus que moi. Il est resté dans l'obscurité de ma vie pendant neuf ans. Parfois, je me dis tragiquement que mon infidélité réciproque avec les hommes qui ont partagé un bout de mon existence (qu'aucun de mes amours artificiels n'a soupçonnée, à ma connaissance) justifie peut-être leur violence.

Je ne conçois l'amour que dans la préférence, celle de l'instant, en s'affranchissant des contraintes. Selon moi, aucun homme, aussi bien intentionné et vertueux soit-il, ne peut honorer les promesses volatiles que sont l'amour et son pendant, la fidélité.

Alors, je préfère être aimée sincèrement pour une nuit plutôt qu'on feigne de m'aimer toute une vie.

Il serait impossible pour Mon Dealer d'envisager quelque chose de sérieux avec une Vixen. Mais sa générosité a toujours été désintéressée. Sa position et sa beauté lui donnent le choix dans ses conquêtes. Et même l'homme marié qu'il est demeure plutôt loyal dans l'infidélité.

Je me souviens de notre première discussion, nous tatillonnions avec prudence pour ne pas nous compromettre ou faire une erreur qui aurait pu nous coûter cher.

— Je suis sûr que je te plais, mais que tu fais semblant, me dit-il.

— T'as l'air sûr de toi.

— C'est sûr que je te plais en tout cas.

— T'es pas mon style.

— Ah ouais, c'est quoi alors ton genre de mec ?

— Pas les bâtards en tout cas.

— En quoi je suis un bâtard ?

— …

— Je ne suis pas un menteur. Je suis marié depuis longtemps, j'aime et je respecte ma femme. J'essaie d'être le meilleur père possible…

— OK, donc tu as beaucoup à perdre. C'est ça mon genre de mec. Quelqu'un de confiance, avec qui je peux être moi-même de temps en temps. En ayant l'assurance qu'il ne foutra pas ma vie en l'air.

— Ah, ton style de mec c'est les bâtards en fait.

— Je crois que tu as raison, je m'en étais pas rendu compte avant de te l'entendre dire.

C'est la seule fois où j'aurais peut-être préféré ne pas être une Vixen. Pour mériter son amour. Chaque retrouvaille était un sas de décompression avant le crash de nos vies. Nous étions tous deux au bord de l'implosion, le poids de nos quotidiens respectifs nous amenant progressivement vers un trop plein d'émotions, un burn out. J'ai beaucoup pleuré dans ses bras, en me déchargeant du souvenir de ma bouche en sang sur le carrelage de la salle de bains. Lui, séchait mes larmes, me disait à quel point j'étais forte et que je n'avais pas à avoir honte. Il nourrissait ma culture et mes références, il encourageait mes ambitions et ses compliments savaient me faire apprécier ce que je pense être des défauts. Il était assez à l'aise dans sa masculinité pour ne pas avoir peur de se montrer vulnérable. Lui qui n'était fait que d'amour et de tendresse en semblait soudain dénué quand il parlait de lui. Depuis le début de sa vie, il a donné le meilleur de lui-même à tous ceux qu'il aimait. Au milieu de sa course, vide d'énergie, il n'était plus en mesure de considérer ses propres désirs après toutes les années où il n'a pensé qu'aux autres. Sa culpabilité déborde. Chaque minute passée avec moi, ou une autre, était du temps où il n'est pas à sa place, près de sa famille. Le mensonge le nécrosait de l'intérieur.

Nos enfances ont été hantées par la solitude et nous étions devenus adultes sans apprécier les erreurs de l'adolescence. Cette jeunesse, que ni lui ni moi n'avions eu le temps de connaître, nous tentions de la rattraper à chacune de nos retrouvailles.

Il m'a fait promettre de ne jamais renoncer à la grâce.

Voilà un exemple de sacrifice qu'impose le Rap. Être une femme libre m'a fait abandonner l'amour sans filtre car, publiquement, une Vixen ne sera jamais digne d'avoir le premier rôle.

J'ai trahi moi-même certaines des règles que j'ai transmises à mes filles. Mais moi, je crois que les putains de règlements que les autres ont faits pour nous ne sont écrits que pour qu'on leur torde le cou.

Solange m'a toujours dit : « Ne te perds pas en chemin comme d'autres l'ont fait avant nous en ayant trop d'espoir.

Jamais un artiste ne posera du respect sur une Vixen en s'affichant avec elle en dehors du lit où elle s'allonge. »

Oui c'est contre la règle, et pourtant c'est là sûrement une des plus belles erreurs de ma vie.

Mes sentiments étaient sincères et mon amitié indéfectible.

CHAPITRE IX

« Chaque fois qu'on parle d'amour, c'est avec "jamais" et "toujours" », chantait Barbara.

La critique qui revient le plus envers les Vixens, c'est celle de ne pas être « mariable ». Comme si l'homme qui déclare ce genre d'ineptie (le plus souvent planqué derrière son clavier) était digne d'avoir l'une d'entre nous à son bras... Ceux qui vous méprisent le plus sont souvent ceux qui en réalité vous envient, vous admirent; parfois même vous désirent avec une telle avidité que cet appétit se transforme en haine. Quels que soient les opinions politiques, les religions, les milieux sociaux, quelles que soient leurs différences, ces gens-là trouveront toujours une chose ou une autre à haïr chez la Vixen et chez la femme en général. Ils se rallient tous au même étendard, celui de la misogynie. Trop vulgaire, trop noire, trop arabe, trop grosse, trop maigre, trop bruyante. Notre pays n'aime pas les tartines trop beurrées.

J'accorde peu d'interviews, et quand je le fais, je veille à choisir mes interlocuteurs avec soin. Il y a quelque temps, je me laisse appâter par un magazine connu pour la qualité de ses articles fouillés sur des thèmes rarement abordés par les divers organes de presse. Je pense évoquer la place des Vixens dans le Rap et l'histoire du mouvement, mais la conversation s'oriente très vite sur ma vie personnelle.

— Votre profession a-t-elle été un frein dans votre vie amoureuse ? Est-il possible d'avoir une vie de couple ? Comment ont réagi vos parents ?

Je devine dans la voix de ce journaliste une condescendance à peine voilée, celle qu'on doit enseigner sur les bancs des grandes écoles parisiennes qui forment les bien-pensants, et je ne me prive pas de lui en faire la remarque.

— Vos questions sont pétries de préjugés. Il y a bien d'autres thèmes à aborder.

Comme je refuse de répondre, il comble mes silences par des inventions de son cru : une relation compliquée à mes parents (je n'ai rien dit de tel), et moult clichés sur le monde du Rap et sur les femmes du *game*. Cela étant, il réussit à semer une graine de réflexion en moi. Ma profession peut-elle s'accommoder d'une vie de couple ? Et si je prolonge le fond de sa pensée, est-ce que les Vixens, ou toute femme qui chérit sa liberté, ont droit à l'amour ?

J'ai toujours asséné ne pas croire en l'amour. C'est une semi-vérité.

À ma famille, pour faner leurs espoirs de me voir un jour mal maquillée dans une robe blanche qui ne me sied pas, et pour ne pas leur faire attendre cet événement qui ne viendra jamais.

À mes amies, qui font gentiment semblant de me croire lorsque j'essuie un chagrin sentimental par une blague.

À mes amants, pour me protéger de leurs jolis mots, car les promesses faites la nuit ne voient guère le matin.

Je suis une Vixen. D'une part, la majorité des hommes ne voient en moi qu'un produit de consommation périssable; d'autre part, je me suis laissée enfermer dans mon personnage et dans un schéma destructeur.

Quand j'ai eu douze ans, le regard des hommes a changé sur moi. Être draguée par des adultes de quarante ans, il y a de quoi être dégoûtée de la gent masculine pour l'éternité. Jusqu'à mes seize ans, je n'ai prêté absolument aucune attention aux mecs. À deux pas de chez moi vivait un gentil garçon, issu d'un milieu confortable. Il ne me voulait aucun mal, mais je voyais la honte dans ses yeux lorsque nous nous promenions en nous tenant la main. J'étais trop : trop arabe, trop *street*, trop libre, trop vivante, j'étais trop moi.

Alors je suis partie.

Dans ma vie amoureuse, j'ai passé la plupart de mon temps à fuir pour ne pas devoir rendre les «je t'aime».

*

«Pour moi, être aimé n'est rien, c'est être préféré que je désire», a écrit André Gide.

C'est à la suite de mon histoire avec Marius, désillusionnée et échaudée, que je revois ma façon d'appréhender les choses. Déjà, il est hors de question de me réveiller à la moitié de mon existence en ayant sacrifié ma jeunesse pour un type qui finira par me quitter pour une vingtenaire.

Et puis, à mes yeux, aucun homme ne saura égaler la passion que j'ai pour le Rap.

Alors, je suis devenue le produit de mon environnement.

À vingt et un ans, je prends la décision de consommer mes relations comme le font ces messieurs, avec le peu de moralité que cela implique, et sans la moindre considération pour les conventions sociales. Si certains ornent leurs bras de la jeunesse d'une banlieusarde comme faire-valoir à leur masculinité, moi je fais le choix d'avoir au mien un homme « important » en guise de sac à main. Je négocie mes relations et mon temps comme *ils* m'ont appris à le faire, c'est-à-dire comme un accord de partenariat.

Je deviens donc un accessoire de virilité pour celui à qui je tiens le bras. Lui, quelle que soit la durée de notre liaison, ne s'intéresse que rarement à qui je suis. Il me désire comme on veut posséder un bolide allemand ou de l'horlogerie suisse. Souvent, ceux avec qui je partage ma vie sont des individus puissants, car il faut l'être pour oser s'afficher avec une Vixen en faisant fi du jugement des autres. De mon côté, je continue de charbonner sur les clips et de remplir ma boîte à chaussures avec les liquidités de mes cachets. J'ai chaque fois bien conscience que ça ne durera pas et que je ne peux compter que sur moi-même.

À ce moment de ma vie, je commence à apprécier la compagnie de ma solitude. Mais je sais aussi qu'il me faudra lui réserver d'autres années que celles de ma jeunesse. En revanche, je ne veux renoncer à mon indépendance que pour un homme en qui je vois les qualités du futur père de mes enfants ; si le ciel nous exauce.

J'ai un type en tête. L'Américain. Un acteur et producteur qui vit entre Manhattan, Kensington et le septième arrondissement de Paris. Une gueule et un charisme qui me font fondre. Un côté *bad boy* irrésistible. J'avais croisé le soir l'Américain à plusieurs reprises dans des événements. Je demande à un ami en commun, un rappeur, de me donner son contact.

— Je veux l'Américain. J'ai besoin d'un mec solide à mes côtés sur qui je peux m'appuyer.

— Hein ? L'Américain ? Tu plaisantes ?

— Mec, tu le vois tous les jours. Je vais pas te foutre la honte, je veux tenter quelque chose de sérieux.

— T'es folle, ma parole. Tu vois bien qu'il te calcule pas. Le mec laisse des Miss France en « vu », tu te prends pour qui ? Et puis vous avez vingt ans d'écart, meuf.

— Vingt-quatre. C'est justement parce qu'il ne m'a jamais adressé un regard qu'il m'intéresse. Un soir, il m'a lâché à l'oreille : « T'es une fille cultivée, c'est dommage que tu te gâches avec tes clips. » Ça me plaît d'aller à l'encontre des préjugés.

— C'est surtout foutre la merde, qui te plaît…

Tout juste une semaine après, mon téléphone sonne.

— Salut princesse, tu vas bien ? Tu voulais me parler ?

À ce moment, il ne reste rien de la Vixen fière et intrépide, mon armure se liquéfie.

— Euh… Oui merci… Ça va et toi ? Allô ?

— Mon chauffeur sera à vingt heures en bas de chez toi. Ne sois pas en retard.

Il raccroche. À l'heure dite, il m'envoie une Bentley pour carrosse. Il cherche sans doute à m'impressionner. Moi, c'est plutôt le fait d'avoir capté l'attention de ce bellâtre qui ne me laisse pas indifférente. Quand le maître d'hôtel me conduit à sa table, bien au centre du restaurant, je comprends que L'Américain a réservé celles à proximité pour avoir un peu d'intimité, mais qu'il n'a pas non plus choisi un salon privé. Il veut que les gens nous voient ensemble. Nos trois tables sont cernées par un cordon rouge, ce qui donne à la scène un aspect franchement grotesque. Lui, le grand acteur qui n'a que l'embarras du choix, fait la charité de son temps à une petite Vixen. Il devait s'attendre à me voir arriver en tenue de cuir et bas résille, j'ai plutôt opté pour un tailleur en tweed anglais sombre, collier de perles ras-de-cou, Louboutin Pigalle et mes mains, comme à leur habitude, gantées de dentelles noires.

— Tu as faim ?

— Pas trop, mais le cadre est somptueux.

— Après tout, nous sommes là pour échanger plus que pour manger, non ? Tiens, goûte ça.

— C'est gentil, mais je ne bois pas d'alcool.

— Moi non plus, mais ça n'est pas de l'alcool ça, c'est un Romanée-Conti. Regarde l'année.

— Comment tu connais mon année de naissance ? Même mes copines proches ne sont pas sûres.

— Notre ami commun est très loquace.

Je décide d'y aller spontanément.

— Je t'avoue que je suis pas très à l'aise. Franchement, avec le cordon en velours rouge, on se croirait dans un musée. Si tu voulais refaire *La Cène*, j'aurais pu apporter de la gouache. C'est nous, le tableau, ou quoi ?

— Si te donner en spectacle te met à ce point mal à l'aise, pourquoi tu montres ton cul dans des clips de Rap ?

Bam. Le mec me dit ça droit dans les yeux, petit sourire en coin.

— Tu as le mérite d'être franc. Le Rap c'est ma vie. Je ne suis pas là pour la gloire ou pour montrer mon cul, comme tu dis. Je gère de plus en plus les castings et sélectionne mes projets artistiques avec soin, car ne t'en déplaise, c'est de l'art. Mon ambition est de continuer, mais derrière la caméra.

— Internet n'oublie rien. Si je veux faire de toi ma femme un jour, ça va me coûter très cher de supprimer tes conneries de jeunesse. T'as pas voulu continuer à faire du mannequinat ? Ou pourquoi pas actrice ? Ça aurait été un peu plus noble.

— Plus noble ? C'est comme ça que tu vois tes amis rappeurs avec qui tu traînes ? Comme des misérables ? S'il n'y avait pas eu le Rap, si je n'avais pas montré mon cul comme tu penses résumer mes années de labeur, est-ce que tu m'aurais seulement regardée ? Permets-moi de trouver que ton postulat est hypocrite.

— Princesse, tu as du répondant, ça me plaît. Ton élégance et ton vocabulaire s'accordent mal avec tes choix de vie, c'est tout. Qu'est-ce que tu recherches, dans une relation ?

Il savait par notre ami que je cherchais une histoire sérieuse, mais je n'envisageais pas que notre premier *date* tournerait à l'entretien d'embauche.

— Ne plus perdre mon temps. Fonder une famille, construire des projets communs. Partager des valeurs communes, me faire encourager dans ma carrière. De mon côté, je n'ai que ma loyauté et ma jeunesse à offrir. Et toi ? C'est quoi, tes projets ?

— On dirait un bonhomme qui parle. C'est qui, tes ex ?

— Personne que tu connais.

— Il te reste quoi, dix ans ? Dix ans avant tes trente ans, et tu seras périmée. Et chaque année, tu perdras un peu plus de ta valeur. De mon côté, je n'ai plus l'âge d'attendre, je veux qu'on essaie de faire un enfant à la fin de l'année, le temps de voir si ça colle entre nous.

Oui, tous les *red flags* sont en place. Mais à cette époque, je pense que ce genre d'arrangement limite les risques et le temps perdu.

— Moi, ce que je te demande, c'est de ne jamais me frapper.

— Je te frapperai pas et t'auras rien à craindre des autres femmes.

Il attrape mon téléphone pour ajouter les identifiants de connexion de son compte Instagram. J'ai accès à tous ses messages et ses contacts. Et, jusqu'au terme de notre relation, je dois reconnaître que je n'aurai à m'inquiéter d'aucune rivale…

Les premiers jours, nous sommes comme deux adolescents. À passer des nuits blanches, rire, lire et fumer. En deux semaines, il ne m'a pas touchée. Puis, après un passage sur sa côte Ouest, il se montre soudain très exalté, comme s'il s'était donné du courage à distance. À peine arrivé dans l'entrée de l'appartement, il m'embrasse goulûment, sans me laisser respirer. Un baiser surjoué, gênant. Comme un acteur de série B, il tient subitement à témoigner de son ardeur contre la porte d'entrée.

Des mois plus tard, je découvrirai qu'il y a une caméra dissimulée à cet endroit précis, et dans toutes les autres pièces.

Puis plus rien. L'Américain est un peu le contraire de tous mes ex passés et à venir : en public il me couvre d'affection et de louanges, en privé il est distant et taiseux. Le sujet de l'enfant revient en revanche rapidement sur le tapis. C'est étrange, mais pour autant jamais il ne m'a donné le sentiment que c'est de moi qu'il voulait s'échapper. La réalité, je peux en témoigner, c'est qu'il était contraint de se fuir lui-même, car nous avons tous nos secrets pour pénitence.

— Ma princesse, ce n'est pas ta faute. J'imagine que tu dois te poser certaines questions sur la distance que je mets entre nous parfois. Je ne veux pas que tu viennes à penser que c'est ta faute. Tu fais partie des personnes en qui j'ai le plus confiance. Je t'aime sincèrement, pour ta loyauté, pour ton habilité à feindre le bonheur en riant quand tes yeux ont envie de pleurer. Tu es la partenaire de vie que je n'espérais plus rencontrer. Je t'aime comme ma sœur.

Je ne ressens ni colère ni déception. Cela me le rend encore plus touchant. Qui de mieux qu'une Vixen pour comprendre que parfois nous sommes obligés de jouer un rôle pour survivre ? Alors, avec l'Américain, nous passons un accord tacite. J'apprends à fermer les yeux. Je ne lui pose pas de question. J'attends de lui qu'il me protège et qu'il me laisse libre de poursuivre ma carrière.

Les mois passent, notre arrangement fonctionne, et quelque part, j'apprécie notre quotidien mouvementé, nos dîners toujours remplis de mondanités, ses surprises et cadeaux improvisés. Il aime scénariser notre histoire pour me donner l'illusion de vivre une passion comme dans les films. Il devient presque trop généreux, même dans ses compliments ou ses « je t'aime ». Mais un soir, l'histoire vire au film d'horreur. Il rentre tard de l'aéroport, prend une douche, sort de la salle de bains avec son corps qu'on croirait esquissé par de Vinci. La passion s'empare de nous pendant de longues heures ; heureusement que j'ai plus de cardio que je n'ai de cœur. Puis nous parlons de tout, de nos enfances, de nos projets. Il me propose d'aller voir un film dans le salon. Sur le chemin de la chambre au living, je me dis que je pourrai peut-être l'aimer sincèrement avec le temps, qu'une véritable histoire est possible. Tout est éteint, l'espace n'est éclairé que par la télé. L'Américain se tient devant la fenêtre ouverte, l'œil collé sur la lunette d'un AR-15, le réticule pointé sur la rue.

— Mais putain, c'est quoi ce délire, c'est un vrai ?

— Viens, ma princesse, ne fais pas de bruit.

— Mais tu fais quoi ?

— Je viens de voir qu'un mec a touché à ma voiture. S'il recommence, je l'éteins.

Pendant plusieurs secondes, j'ai envie de rire, la situation est si absurde, ça ne peut être qu'une blague. Mais son regard vitreux et sa sudation extrême ne laissent bientôt plus de place au doute. Il finit par quitter son poste de sniper pour s'enfiler une trace sur la table basse. Dans sa crise de paranoïa digne d'un chef de cartel du Sinaloa, il oscille dangereusement entre dysphorie et réalité. Puis il semble tout d'un coup se rappeler ma présence et s'approche, l'arme à la main.

— Prends-le ! Pour voir ce que ça fait.

— Non, merci, ça me fait peur. Sérieux, pourquoi tu as ce truc chez toi ?

Il se lève pour poser son AR-15 dans la vitrine consacrée à ses reliques de cinéma. Il en profite pour saisir une autre arme que je pensais décorative elle aussi. Il revient d'un pas tranquille s'asseoir à côté de moi et vérifie que le chargeur est plein. Dans un geste calme et lent, il lève le bras pour diriger le canon à quelques centimètres de ma tempe.

Dans un sursaut de panique, je m'abrite derrière le fauteuil. La peur me fait hurler

— Merde, arrête tes conneries ! Tu me fais quoi, là ? T'es pas normal à me faire des dingueries comme ça.

— Je ne vais rien te faire, putain, arrête de paniquer. Je veux savoir si je peux te faire confiance. En tout cas, tout ce que je vois là, c'est que toi tu n'as pas confiance en moi.

— Tu ferais confiance à un mec qui te braque une arme chargée sur le crâne à quatre heures du mat', toi ?

Il bondit subitement pour tenter de m'attraper.

Je cours dans la chambre en criant et verrouille la porte. Il parvient à l'ouvrir. Je suis à genoux, recroquevillée dans un angle de la pièce entre le lit et le mur. Il piétine la literie pour venir enfoncer le canon dans ma bouche, faisant ainsi taire mes hurlements et rendant mes pleurs muets. Je suis terrorisée et résignée à finir à la rubrique faits divers des journaux. J'entends déjà Christophe Hondelatte conter cette nuit d'horreur. Celle où ce grand acteur a collé une balle dans la bouche d'une meuf de clip.

— Je peux te faire confiance ? Calme-toi. J'arrêterai quand tu seras calmée.

Je ferme les yeux, me dis que je vis mes derniers instants. Mais il me relève et m'embrasse. Puis il tire une balle dans le mur de la salle de bains.

— C'est au cas où tu douterais que j'aurais osé le faire. Je m'en bats les couilles de réveiller les voisins. Si je n'avais pas confiance en toi, tu ne serais plus là.

Évidemment, je prends mes jambes à mon cou dès que j'en ai l'occasion.

En réalité, malgré la violence de cette soirée délirante, j'ai de la peine pour lui. Si comme lui j'avais bâti mon monde sur un mensonge et que j'étais devenue prisonnière de mon mauvais film, moi aussi je serais devenue folle.

Un soir, il m'a dit : « Si un jour nos chemins doivent se séparer, j'espère ne pas t'avoir fait perdre ton temps. J'espère que tu te serviras de tout ce que tu as appris à mes côtés pour choisir un homme plus solide que moi. »

Lorsque je pars, il ne cherche pas à me retenir, il ne tente pas de me convaincre de rester.

*

Mes histoires sont des contrats à durée déterminée de deux ans maximum, souvent écourtés par la démence d'un homme ou mon besoin de liberté. C'est tristement ironique que de choisir un personnage puissant en espérant se sentir un peu plus en sûreté et de voir que le danger se réveille à côté de vous le matin.

Mais dans la plupart des relations, il y a des intérêts, d'un côté comme de l'autre.

À ceux qui viennent des milieux sociaux les plus privilégiés, au sein desquels les enfants sont beaux et ont de bonnes manières, mais qui ne prennent même plus le temps d'aller visiter leurs parents dans les hospices où ils les ont enfermés pour qu'ils y meurent sans trop les déranger. À tous ceux qui ont fait un mariage de convenance. À toutes ces femmes – celles que j'appelle « les femmes en beige », car leur sens du raffinement se cantonne à une superposition de vêtements en nuancier de tons marronnasses – qui ont succombé au rôle de *tradwife* en échange d'une vie privilégiée. À celles qui deviennent la propriété d'un homme en signant leur contrat de mariage et qui renoncent à s'accomplir professionnellement. À tous ceux-là qui, en lisant ces lignes, seraient tentés de me juger : j'aimerais leur dire qu'il n'y a pas une si grande différence entre mes erreurs et leurs choix, qu'il y a des menottes plus dorées que d'autres, des barreaux faits de fables et de marbre, d'illusions et de clinquant, qu'il y a la peur d'être seule, le désir de sécurité, le dégoût de soi.

Et puis, soyons honnêtes, il y a beaucoup de crapauds sur terre, les éviter est une gageure. Surtout quand on est Vixen, quand on perd le respect de la moitié de la population. Quand on se croit libre et qu'on se réveille avec d'autres chaînes qu'on n'avait pas vues venir.

Si la plupart des Vixens refusent de répondre quand on les interroge, c'est pour ne pas donner raison aux jugements moraux, ceux-là mêmes qui sont à l'origine de notre solitude. Notre liberté est a ce prix, exorbitant, celui de ne pouvoir trouver un partenaire capable de nous laisser la place d'être les femmes puissantes que nous sommes. Mes sœurs les plus belles, les plus à l'aise financièrement, celles avec des carrières inspirantes et, surtout, celles qui sont heureuses dans leurs vies se sont accomplies en solitaires. Par choix ou par défaut. C'est bon à rappeler, au cas où certains viendraient à douter de ce qu'elles sont capables de réaliser…

Je crois que tout est parti d'un mensonge : c'est Adam qui a croqué le fruit et qui a accusé Ève. Depuis, les hommes ont cette pomme en travers de la gorge et le font payer aux femmes.

Voilà pourquoi, dans tous les témoignages ici exposés (ceux passés et ceux à venir, les miens et ceux des autres), la femme, et en particulier la Vixen, se sent coupable de ce dont elle est la proie. Cela ne serait jamais arrivé si elle n'avait pas dansé en string, si elle n'avait pas choisi un homme de pouvoir instable, si elle avait été moins cassée, moins naïve, moins bruyante, moins libre, moins en vie.

Ces pensées nauséabondes que le patriarcat nous renvoie pour défendre les agresseurs se sont insinuées dans tous les pores de notre peau, Vixen ou pas.

Au final, il est temps qu'on le crie, partout, sur tous les toits : ce ne sera jamais la faute des victimes. Aussi courte était la jupe, aussi endormie était la fille. Ce ne sont plus des arguments qui disculpent les hommes.

CHAPITRE X

CHEU

Saint-Michel n'est pas le seul rapace du milieu, loin de là. À la ligne des champions, le trophée revient à Treize. Je le surnomme ainsi parce qu'il porte la poisse comme un vendredi 13, pue la pisse froide comme la ligne de métro portant le même numéro. Et surtout, parce que j'ai entendu treize femmes se confier à son sujet. Il a été pendant longtemps l'un des réalisateurs les plus prolifiques et convoités du Rap français. Treize est aussi une des personnes les plus perverses du milieu. Il est toujours en activité à l'heure où j'écris.

Décembre 2018. Affublée d'un costume de mère Noël version Vixen et d'une perruque du Crazy Horse[1] blond platine, je fume mon calumet devant un sapin enguirlandé, aux côtés de Cheu-B, « l'icône du dix-septième arrondissement de Paris » : ce clip, « Daddy », réalisé par Daymolition[2], sort le 25 décembre et a un certain succès.

1. Cabaret parisien dans le quartier des Champs-Élysées.
2. Média emblématique du Rap français.

Après la mise en ligne, je découvre un message de Treize dans mes DM. Nous ne nous sommes jamais rencontrés, je le connais de nom pour son travail, et surtout, je connais sa réputation. Il se permet d'ailleurs de m'envoyer :

« T'es une petite bombe délicieuse dans ce clip. »

Suivi de plusieurs émojis feu. Les messages s'enchaînent et se font de plus en plus pressants :

« Tu fais quoi ? » « Rencontrons-nous. »

J'ai l'habitude des dragueurs un peu lourds, j'ai appris à gérer. La plupart du temps, je le laisse en « vu » ou lâche un émoji gêné. C'est toujours délicat de froisser l'ego d'un collègue en l'éconduisant. Il peut se sentir émasculé par un refus trop brutal. Si une femme met souvent des années à acquérir une crédibilité professionnelle, un homme frustré peut, par une seule parole, l'anéantir.

Évidemment, on finit par se croiser à plusieurs reprises, sur des *backstages* de tournages, à des soirées de lancement ou lors de concerts. Dans ces moments-là, Treize affiche une froideur et un désintérêt total. Encore une fois, je connais la chanson. Pour lui, je ne suis qu'une « pute de clip », il peut me harceler en privé, mais veille à ne pas se compromettre en public. Un jour, il se décide à m'écrire pour me proposer d'assurer le casting d'un clip pour Hamza. La discussion tourne court, car nous ne parvenons pas à nous mettre d'accord sur le devis. Il retente sa chance quelque temps après :

« Hello, ça va ? Je cherche des modèles pour un clip de Booba. Une dizaine de filles, mais c'est Booba qui valide donc faut de la qualité. Haha. »

C'est du boulot potentiel pour plein de Vixens, alors j'accepte de le voir un dimanche, un jour férié de surcroît, à ses bureaux. Il n'y a personne, ce qui m'étonne : les réalisateurs et producteurs, a fortiori dans le Rap, sont toujours accompagnés d'une équipe conséquente. Il s'agit de mettre en scène sa puissance.

— Tu aurais pu me dire qu'on serait seuls. Dans ce cas-là, un café ou une brasserie quelconque aurait fait l'affaire.

— Un café ? Aucun problème ma belle, je commande un Uber Eats, me lance-t-il, goguenard.

— Ça ira. Donc, ce casting. Neuf filles, c'est bien ça ?

— Un caramel *macchiato* ? Tu mets tout le temps tes Starbucks en story, tu as vu je suis attentif.

— Je t'en sais extrêmement gré, mais là j'ai un rendez-vous à côté dans trente minutes. Avançons.

Je suis assez mal à l'aise, il commence à me courir avec ses conneries.

— Hop, moi je commande. Je te prends un petit *bubble tea*. Ça ne peut pas faire de mal.

Cinq minutes après, un livreur arrive, Treize se saisit du sac et va dans la cuisine. Je le perds de vue.

— Ils avaient oublié les pailles, je t'en ai mis une.

Il me prend pour une écervelée. Je dois le confesser : j'ai péché par orgueil. J'ai cru qu'en franchissant les étapes, en me faisant un petit nom, en tournant de moins en moins moi-même, j'étais à l'abri. Tout au long de l'heure que dure finalement notre entrevue, il ne cesse de me proposer de boire. Il tente tout. Après le *bubble tea*, il me propose un Coca, un RedBull, de l'eau. Quant à notre discussion professionnelle, elle ne mène à rien. Treize essaie ostensiblement de se faire de l'argent sur le dos des petites mains, Vixens en tête. Je tiens à préciser que Booba n'a rien à voir avec ces pratiques. Sa longévité sur le trône du Rap français n'est pas due qu'à son talent, mais aussi à la minutie dont il fait preuve dans le choix de ses collaborateurs.

Et comme chaque artisane et artisan du hip-hop souhaite ajouter à son CV une réalisation pour Booba, ne souhaitant pas priver mon équipe de cette opportunité, je continue à négocier à distance, avec Treize, en me faisant violence. Après deux semaines d'âpres discussions, je parviens à un accord tout juste acceptable pour mes filles. Le jour du tournage, je n'ai toujours pas le devis signé par Treize. Sans devis signé, je n'ai aucune garantie qu'il nous paiera.

— Arrête de me harceler avec ça. Je suis pas au bureau là, je prépare le tournage. Je te le signe demain, tranquille.

— Hors de question. Les filles ne se déplaceront pas sans devis. J'ai déjà consenti à énormément d'efforts dans notre négociation.

Voilà pourquoi je me suis battue auprès des filles pour être directrice de casting. Pour faire respecter nos droits. Les types du *game* vont devoir s'habituer.

— Je suis pas ton petit babtou, moi. Tu crois que je vais laisser une petite pute comme toi me parler sur ce ton ? Je vais venir dans ton 92, on va s'expliquer.

— Ne perds pas ton temps à me menacer. Tu devrais t'empresser de trouver neuf Vixens, ce casting m'a pris une semaine, le tournage est dans cinq heures, bonne chance à toi. Mes Vixens ne bougeront pas sans ta signature sur le devis.

— Tu crois vraiment que je vais laisser une petite pute niquer mon clip ? Tu sais pas qui je suis ?

Toute la journée, les intimidations continuent. En fin d'après-midi, Treize finit par m'envoyer le document, en justifiant ses menaces et ses insultes par la fièvre des négociations. Une heure après, j'arrive sur le lieu de tournage. Il y a une quarantaine de filles, la plupart castées sauvagement. Moi, je suis accompagnée de neuf Vixens choisies avec soin, les meilleures de Paris. Je les briefe avant.

— Le réal est un agresseur potentiel, restez groupées. Ne vous isolez jamais.

Treize déboule.

— Ma go sûre ! La patronne ! Comment ça va ?

Il me serre dans ses bras, devant les regards gênés de mes Vixens. Le dégoût se lit sur mon visage.

Treize n'est pas un bon réalisateur. Il ne parvient ni à diriger une équipe ni à gérer le stress. Ce clip est le plus important de sa carrière. Et il veut tout donner, tout gérer lui-même. Il voit trop grand. L'installation n'est pas au point, la feuille de route n'est pas respectée, le mec nous encombre plus qu'autre chose. Booba, de son côté, essaie de détendre l'atmosphère en blaguant avec les filles et les équipes techniques.

Elles doivent performer sur le podium ou sur la barre de pole, danser sans lésiner sur leur énergie. Elles rejouent leurs scènes des dizaines de fois, car Treize hésite et revient en boucle sur une lumière ou un plan. C'est une chance que les Vixens soient efficaces dès la première prise. Mais le travail se déroule au ralenti, l'ambiance est lourde, les danseuses exténuées. Booba s'assure qu'elles ne manquent de rien, l'une d'entre elles lui demande une vidéo pour son fiston, et lui la lance sur le sujet de la pédagogie, toujours partant quand il s'agit d'échanger des conseils sur la parentalité.

À cause d'un tel amateurisme, le tournage prend dix heures de retard. Je réserve un hôtel à proximité pour les Vixens et moi. Alors que je m'apprête à rejoindre le van que j'ai loué pour nous, une jeune fille, prénommée Eden, vient à ma rencontre. Elle a des yeux immenses soulignés de noir et le teint éclatant de celle qui vient tout juste de fêter ses dix-huit ans. Maya, une de mes Vixens qui la connaît, fait les présentations.

— Je te présente ma copine Eden, elle travaille avec Daniela.

Daniela est une amie de Treize qui fait sa bookeuse quand il a besoin de figuration gratuite. C'est elle qui a complété la distribution avec quelques modèles recrutées à la dernière minute pour trois fois rien.

— Salut, ma belle, tu vas bien ?

— Super et toi ? Maya m'a parlé de son cachet et comment tu as géré pour ton casting. Tu sais que Daniela me donne cinquante euros pour ce clip et que les autres ne sont même pas rémunérées ?

— J'aurais voulu pouvoir payer mes filles encore mieux, tu sais. Je ne suis malheureusement pas très surprise de ce que tu me dis.

— Maya m'a dit que tu as réservé un van pour le retour. Je pourrais rentrer avec vous, s'il te plaît ? J'ai demandé un Uber ou que quelqu'un me raccompagne, mais elle m'a dit que ce n'était pas possible ou à ma charge.

— J'aurais vraiment voulu t'aider, mais le véhicule à huit places et il y a neuf filles, sans me compter. Tu comprends aussi que je ne peux pas m'occuper de la Vixen que quelqu'un d'autre a castée. Rien que parler avec toi ça pourrait contrarier ta bookeuse.

— Je sais bien vraiment, t'inquiète, je te le demandais au cas où.

— OK. Mais si jamais tu as un problème, demande mon numéro à Maya et appelle-moi sans hésiter.

— Merci, ma belle.

— Une fois ce tournage terminé, on discutera toutes les deux. Si j'ai des projets à te proposer, je n'hésiterai pas. Tu es très jolie et ton énergie encore plus belle.

J'ai fait le choix de réserver une chambre pour qu'elles puissent tuer les heures de retard dans un lieu *safe*, loin des assauts de Treize qui rôdait plus dans les loges des Vixens qu'il ne gérait le set. Tandis que la nuit s'étire, nous nous mettons à discuter, à nous confier, à nous raconter nos parcours, nos tournages préférés et nos pires tournées, à échanger sur les rappeurs les plus sympathiques et les plus odieux. Nous nous amusons à comparer les charognards au compte certifié dans nos messages Instagram, à réaliser qu'on a recalé les mêmes footeux. On rit, mais pas que. Les filles me questionnent sur l'origine de mon dégoût pour Treize et je finis par leur détailler ce que j'avais entendu à son propos. Cela conduit chacune d'entre elles à partager les mauvaises rencontres qu'elles ont eues dans leur carrière de Vixens et leur vie personnelle. C'est avec désolation que je me rends compte que toutes les femmes autour de moi ont déjà subi au minimum une agression sexuelle dans leur vie, voire beaucoup plus, et pire encore pour certaines.

Ce soir, les égéries oubliées du Rap ouvrent leur cœur, espérant peut-être que les secrets livrés dans cette chambre resteront y mourir à notre départ.

Deux semaines plus tard, Eden m'envoie un message :

« Hello, juste pour te dire que Treize c'est un chien en chaleur, préviens au max tes filles pour qu'elles se fassent pas agresser par lui. »

Quand je le lis, je comprends tout de suite que l'histoire de Saphir se répète, que cette fois-ci, j'aurais pu faire quelque chose. Je cherche à joindre Eden plusieurs fois, sans succès. J'appelle alors Maya. Elle n'a pas non plus de ses nouvelles. Je ne lui dis rien concernant le texto, car ce n'est pas mon rôle. Je lui demande expressément de dire à Eden de me contacter si elle arrive à l'avoir.

Quelques jours après, Eden m'écrit de nouveau :

« Désolée, j'ai dû partir un peu me changer les idées. Si tu es disponible on peut parler. »

Je l'appelle immédiatement.

— Eden, avant toute chose, pardon. J'aurais dû te protéger. J'aurais dû te laisser entrer dans ce van. Je m'en veux terriblement.

— C'est pas ta faute, tu pouvais pas savoir, me répond-elle d'une voix blanche.

— Si, j'avais toutes les clefs en main pour comprendre quel genre d'homme il est.

Je lui expose brièvement mon expérience avec lui dans ses bureaux.

— QUEL FILS DE PUTE ! IL MÉRITE DE CREVER CE BÂTARD !

— Tu sais, je pense que tu devrais parler à quelqu'un formé à recevoir ta parole. Un médecin par exemple. Tu n'es pas obligée de me raconter. Je n'ai pas besoin de savoir pour essayer de t'aider.

Je n'ai pas le temps de finir. Eden a besoin de se débarrasser de ce qu'elle a subi.

— Après le tournage, le lendemain je crois, il m'a dit qu'il y avait une sorte d'after avec l'équipe et il m'a envoyé l'adresse. Je me sens trop conne d'y être allée.

— Tu ne pouvais pas savoir. Tu n'es fautive en rien du tout.

— Quand je suis arrivée, j'étais étonnée que l'after soit dans un appart, et je pensais voir tout le monde. Y avait que lui et son pote. J'étais pas à l'aise et il a commencé à devenir insistant. Je voulais partir, il a insisté pour me faire boire un verre d'Oasis. J'ai senti que le gars n'était pas clair. J'ai voulu l'esquiver en allant aux toilettes. Je me suis enfermée dans la salle de bains. Très vite, j'ai commencé à me sentir mal. Je transpirais, j'arrivais plus à rester debout, j'avais du mal à respirer. Il n'arrêtait pas de taper à la porte et de me demander si ça allait. Il tapait sur la porte de plus en plus fort et il me disait de l'ouvrir. Je lui disais que ça allait, que j'avais besoin de quelques minutes. Je ne sais même pas si j'ai fini ma phrase, je n'arrivais même plus à parler. À partir de ce moment, je ne me souviens plus très bien de ce qu'il s'est passé… Je me souviens qu'il a réussi à ouvrir la porte de la salle de bains. Qu'il m'a portée dans la chambre. Il m'a réveillée le lendemain, vers midi, je n'avais plus mes vêtements. Il m'a dit qu'il fallait que je rentre. Je me souvenais plus de ce qu'il s'était passé. Il a fait comme si tout était normal, il a rigolé et m'a dit que j'avais trop bu.

Les secondes passent et je sens l'émotion d'Eden dans le combiné. J'ai des larmes de regrets et de colère. Je vomis *littéralement* ma rage. Je m'excuse une seconde, je coupe le micro, je reviens pour reprendre la conversation.

— T'as vu un médecin ? La police ?

— Je suis allée à l'hôpital, mais je ne veux pas voir les flics.

— Je comprends. Mais tu pourrais le signaler, même sans porter plainte. Comme ça, il restera une trace, si tu changes d'avis.

— Et ils diront quoi les flics ? Que j'étais en string sur un clip de Rap ? Que ce sont des choses qui arrivent pour les meufs comme nous ? En plus, avec tous les gens qu'il connaît, il peut me détruire.

— Ma chérie, je sais tout ça, mieux que personne. Mais tu peux te faire aider. Je connais une fille, Lola, une journaliste incroyable. Il y a aussi des associations qui peuvent t'accompagner. Et puis, est-ce que tu m'autorises à en parler à Booba ? Il peut peut-être nous aider.

— Si tu veux, mais à quoi bon, conclut Eden.

Je n'ai plus de nouvelles. Comme Saphir avant elle, elle est partie dans sa région natale prendre de la distance et échapper à la lourde culpabilité que ressentent à tort les femmes victimes de la folie des hommes. À dix-huit ans à peine, Eden voit sa chair meurtrie, son avenir détruit.

Quelque temps plus tard, je me rends à l'hôtel Radisson Blu de Boulogne. Ce soir, le showcase de Booba a été annulé par le préfet de police pour « raison de sécurité ». Vous imaginez bien qu'un show du Duc à domicile est toujours un événement historique et forcément les autorités craignent que la foule s'embrase. Kopp n'allait tout de même pas accepter des conditions imposées pour performer chez lui. Il a donc pris la décision d'annuler définitivement le show. Notre rendez-vous est improvisé. Il m'accueille sur une terrasse, le temps est doux et nous parlons à bâtons rompus, des ragots du milieu, de mon rôle de directrice de casting. Vient le sujet du clip réalisé par Treize. Je lui demande s'il est content du résultat.

— Dans l'ensemble on aurait pu faire mieux, surtout avec un budget aussi conséquent. Mais tu as géré avec les filles, le casting était bon. Ibou m'a dit que tu avais quelque chose à me dire au sujet du clip ?

J'avais effectivement prévenu Ibou que je voulais parler à Booba d'une affaire problématique. Le regard de Kopp se fait plus grave. Je prends mon courage à deux mains et me lance.

— Je ne sais pas si tu as eu le début de l'histoire, mais c'est Treize qui m'a missionnée pour votre casting. Pour le règlement de la facture, je n'ai pas voulu passer au-dessus de mon client en passant par Ibou, et ce, même quand les négociations ont mal tourné. Il a été insultant et menaçant à plusieurs reprises à mon égard.

Booba fronce les sourcils mais me laisse poursuivre.

— Il a mis plusieurs mois à régler ma facture. Rien de nouveau, ça n'est pas ça dont je voulais te parler.

Je sais que ce que je m'apprête à lui révéler peut avoir des conséquences. Mais je le fais pour Eden. Pour les victimes précédentes et pour celles à venir.

— Treize a drogué une jeune fille avec une boisson et a abusé d'elle. Il a tenté de faire la même chose avec moi.

Je lui raconte mon tête-à-tête avec Treize et son sketch avec le *bubble tea.*

— Comment va la fille ? Elle a été voir la police, j'espère.

— Je n'ai plus de nouvelles d'elle. Elle n'a pas porté plainte, je ne crois pas. Peur des représailles.

— Il ne faut pas qu'elle reste seule avec ça. Assure-la de mon soutien. Donne-lui mon numéro si besoin. Et qu'elle sache que je ne travaillerai plus jamais avec ce pervers.

Booba prend son téléphone pour *unfollow* Treize. C'est le genre de choses qui se voit et qui fait du bruit dans le milieu.

— Tu aurais dû me le dire immédiatement. Ou à un de mes gars. La pire des races, c'est l'homme qui abuse d'une femme. Tu as trop attendu. On ne sait même pas où elle est la petite maintenant ? Essaie de savoir si elle va bien et tiens-moi au courant.

La sollicitude de Booba me touche et me plonge dans le désarroi. Tellement rompue au règne du silence et aux jugements hâtifs des rappeurs sur les Vixens, je ne m'étais jamais donné le droit de dénoncer ouvertement ces actes odieux. Pas à un homme du milieu.

Et c'est bien ça le problème, personne ne parle, personne n'ose. Tout le monde a peur. Déjà, porter plainte pour viol, pour une fille lambda, c'est se confronter à des discours suspicieux. Mais alors pour une Vixen, ce serait carrément perçu comme un canular. J'imagine déjà la scène : « Donc vous avez dansé en string devant des mecs, puis vous les avez accompagnés de votre plein gré dans un appartement, c'est bien cela ? » À qui peuvent parler ces femmes ? À qui peuvent-elles confier l'indicible ? Qui nous écoute ? Ces types qui passent à l'acte savent pertinemment ce qu'ils font. À qui ils s'attaquent et le peu de risques qu'ils encourent.

Je cherche à rééquilibrer à ma manière les choses ici, en racontant cette histoire. La personne se reconnaîtra.

À lui et à ceux dont j'ai sciemment censuré les identités ici, j'aimerais dire que je n'ai pas choisi de garantir leur droit à la rédemption et au pardon. Seulement, je ne sous-estime pas leur folie et la violence potentielle de leur riposte pour tenter de préserver leur image publique.

J'espère sincèrement qu'un jour, comme vos victimes, vous ne connaîtrez plus jamais un sommeil reposant. Que vos nuits seront hantées par la peur et par les comptes que vous aurez à rendre inéluctablement devant la société, la justice, devant vos enfants, en particulier vos filles, et même dans l'au-delà. La honte de votre nom souillera même vos sépultures.

CHAPITRE XI

L'Origine du monde de Gustave Courbet est incontestablement une de mes œuvres favorites. Vous avez tous en tête ce tableau, peint en 1866 ; si vous ne le visualisez pas, permettez-moi cette vulgarisation qui parlera à tout le monde : c'est le tableau qui représente une chatte.

L'Origine du monde, longtemps cachée aux yeux du public, est au panthéon des peintures les plus célèbres. Néanmoins, le mystère derrière l'identité de la modèle, ou devrais-je dire de la Vixen, reste entier. Bien des hypothèses furent formulées, mais Gustave Courbet conservera son secret pour l'éternité. On se plaît à imaginer cette femme muse d'un jour, ou peut-être, l'amour de toujours. La première *pornstar*, comme j'aime à la surnommer. Cette femme dont tous connaissent l'intimité et que l'histoire a paradoxalement oublié de créditer. Son nom ne sera jamais célébré comme celui de Gustave Courbet.

Si l'origine du monde était une question, je dirais que ce sont les putes oubliées qui ont fait les grands hommes.

Mata Hari, Caroline Otero, Samia Gamal, Joséphine Baker et Marilyn Monroe pour ne citer qu'elles, ont toujours été mes inspirations. D'aussi loin que je me souvienne, à l'âge où les autres fillettes punaisaient des posters des Pussycat Dolls sur les murs de leur chambre, moi, je n'avais pas d'idoles.

Vers mes neuf ans, mon père m'a offert une petite affiche de Mata Hari devant laquelle j'étais restée figée de longues minutes dans une brocante. Je m'en souviens comme si c'était hier. Elle était parée de plumes et de bijoux, et portait ses yeux tristes comme son plus bel ornement. Je l'admirais pendant des heures. Quand je fermais les miens, mon imagination d'enfant recréait les couleurs de cette illustration comme pour faire revivre le Paris de la Belle Époque que j'aurais tant voulu connaître.

Comme elle, j'étais une petite fille d'ailleurs, espérant un jour devenir une femme d'ici.

Dans le pays où je suis née, l'éducation conservatrice et pieuse que mes parents m'ont donnée, loin des mœurs occidentales, me prédestinait à tout sauf à rencontrer mon destin. Pour eux, une femme ne s'émancipe que par de longues études avant de trouver un travail honorable et de mener une vie conjugale stable. Certes, elle se doit d'être forte, car elle est vouée à devenir le pilier de sa famille, mais elle doit surtout savoir rester discrète, qualité féminine exigée par nombre d'hommes d'un autre temps. Seulement moi, et depuis toute petite, je parle beaucoup, sans honte, je ris fort, je préfère la compagnie des garçons à celle des poupées silencieuses, la provocation à l'indifférence, et je me plais à chercher de la beauté dans le vulgaire. Alors, même chez moi, j'ai toujours eu le sentiment d'être une étrangère.

Tous les jeudis, mon oncle maternel, cinéphile à ses heures, m'autorise à regarder une des VHS de sa collection. Ce jour-là, c'était *Ali Baba et les Quarante Voleurs*. J'ai fait alors la rencontre d'une actrice à la beauté époustouflante : Samia Gamal. Ce qui m'a d'abord frappée chez elle, c'est l'interprétation de son personnage de femme victime du désir des hommes qui l'entourent. Comme pour ses contemporaines, son rôle se limite à celui d'une belle plante au texte très pauvre. Elle parvient pourtant à magnétiser le spectateur au seul moyen de ses attitudes sensuelles, de ses regards intenses qu'elle maintient face à ces satyres, un jeu qui en dit bien plus que n'importe quel mauvais dialogue écrit par n'importe quel mauvais scénariste. C'était la première fois que je voyais une femme arabe représentée avec sensualité et puissance. Elle était peu vêtue, pourtant personne ne s'en offusquait. C'est peut-être là son plus grand talent : avoir su bousculer des mœurs millénaires, mais l'avoir fait sans outrages.

C'était décidé, moi aussi j'allais capter l'attention. Ce même jeudi, ma famille a été mon premier public. J'avais cinq ans.

Une fois le film terminé, je me souviens m'être faufilée jusqu'à l'armoire de ma tante Bibi pour lui emprunter de quoi composer mon costume. Emmitouflée dans le haïk blanc de ma grand-mère Aïcha qui ne laissait apparaître que mes yeux, j'ai fait une entrée fracassante dans le salon où toute ma famille prenait le thé. J'ai sommé ma mère de mettre de la musique. Elle qui n'était jamais, ô grand jamais, surprise de mes excentricités, a lancé une cassette de Cheikha Remitti, décelant déjà le ton de la connerie dans mon petit rire. Tout le monde s'est tu. En rythme avec la musique, je me suis mise à me déhancher, jetant l'un après l'autre les talons trop grands que j'avais aux pieds, puis j'ai fait tomber le drap, découvrant mon visage barbouillé de rouge à lèvres et de fard à paupières. Je reproduisais à l'identique, du moins c'est ce que je pensais, la scène de danse de Samia Gamal face à Fernandel. Et à mon grand étonnement, le spectacle a dû être convaincant, puisqu'ils m'ont laissée me produire de nouveau dans le salon les soirs d'émissions musicales. C'était devenu le rituel : je m'amusais chaque fois à copier, réinventer les chorégraphies que je voyais dans les clips.

À croire que j'étais déjà une Vixen.

Je suis née le même jour que Marilyn. Éternelle muse, ses traits, sa voix, ses rôles font maintenant partie de l'histoire du septième art, et plus encore. Mais ce que je garde d'elle, c'est plutôt l'idée qu'elle a été une Vixen de son époque, une femme qui rêvait éperdument de liberté. Pionnière de la chirurgie esthétique, Norma s'est construit au gré des années le personnage de Marilyn comme paravent de sa mésestime. Elle a aussi créé sa société de production afin de faire évoluer le rôle des actrices, qui incarnaient toujours les mêmes stéréotypes de beauté écervelée, humiliée, au service des héros. Sex-symbol sexualisé à l'extrême, elle est devenue très rapidement la personnification du désir masculin, façonné de toutes pièces par celui-ci. Prisonnière de son personnage, le paradoxe de Marilyn est d'être un objet que les hommes de la planète adulent, alors que sa courte vie n'a été qu'un mélange de fatalité et de solitude. Soixante ans avant le mouvement #MeToo, elle a été la première actrice à dénoncer le viol vécu à ses huit ans[1]. Dans un article paru en 1953, elle a risqué sa carrière en dénonçant les prédateurs sexuels d'Hollywood.

Marilyn Monroe, Caroline Otero, Samia Gamal, Mata Hari, Joséphine Baker et toutes celles qui ont marqué leur époque de leur empreinte sont quelque part le miroir des Vixens d'aujourd'hui. Désirées mais détestées pour leur goût de la liberté et blâmées pour leur image jugée frivole, elles ont en commun de déranger, d'oser prendre trop de place dans une société qui préfère la mère discrète, circonscrite à l'intimité d'une cuisine à attendre son mari. Mais leurs incarnations de femmes puissantes, leurs larges sourires peints de rouge à lèvres ne suffisent pas à effacer cette mélancolie dans leurs regards. Car ni les paillettes ni la beauté ne permettent d'échapper aux drames.

Il y a tellement d'yeux tristes sur des visages heureux.

Tout, chez moi, semble être propice aux commentaires. Au lendemain de mon enfance, on a parlé de mon physique, de ma manière de parler, de ma façon de m'habiller. Plus tard, ce sont mes choix de vie qui ont fait l'objet, et le mot est faible, de *discussions*. Au lycée, je recevais des remarques,

1. À ce sujet, lire l'article de Perrine Bontemps, « Soixante ans avant MeToo, Marilyn balance "les loups" », *L'Humanité*, 5 août 2022.

du type « tes parents devraient avoir honte, c'est indigne d'une Arabe ». Pour mes persécuteurs, il n'y avait aucune différence entre une fille dans un clip et une escorte. On me surnommait « la Zahia du 92 ».

Souvent, et notamment dans ma vie de couple, les hommes ont fait preuve d'une ingérence éhontée. Mais croyez-le ou non, c'est de la part de femmes que les critiques ont été les plus cruelles, et les plus douloureuses. Sans compter que si beaucoup se plaisent à contempler ou faire des commentaires sur les Vixens, personne n'a envie de les écouter. Ainsi, chacune de mes rares interviews déclenche plus de commentaires insultants qu'encourageants.

« Si la liberté de la femme c'est ça, je préfère retourner dans l'Antiquité », « le féminisme n'a pas pour but de plaire aux hommes », « heureusement que personne ne peut citer le nom d'une Vixen en France et pourvu que ça dure ! », « elles n'ont ni père ni frère pour faire ça », « force à celui qui se mariera avec une meuf de clip ».

Le point commun de tous ces messages bienveillants ? Ils ont été écrits par des femmes.

Aussi, les filles n'osent plus s'aventurer à s'exprimer, car elles savent à quels jugements elles s'exposeraient. Nous sommes condamnées à garder le silence.

Je ne vais pas me cacher derrière mon petit doigt : j'entends que la voie que j'ai choisi d'emprunter peut paraître au premier abord (voire au deuxième et au troisième) à des kilomètres de la représentation idéale de notre quête d'égalité, d'équité et de liberté féminine. Pourtant, je pense sincèrement que ce travail est, à bien des égards, profondément féministe.

Le féminisme est très lié à mon enfance. À la maison, Gisèle Halimi, notamment avocate du FLN[1], était une véritable héroïne, un exemple à suivre. J'ai regardé avec avidité ses interventions, lu ses livres. D'autres figures ont été primordiales dans l'héritage qu'on m'a légué : Djamila Bouhired, Hassiba Ben Bouali, Zohra Drif… Les militantes de la liberté.

En grandissant, j'ai aiguisé mon regard sur mon environnement immédiat. Et force était de constater que personne ne nous représentait, nous, les femmes de banlieue. Je voyais des féministes à la télé débattre en notre nom, tirer des conclusions hâtives sur ce que devrait être une vraie sympathisante de la cause. Ainsi, il leur semblait (et leur semble encore pour la plupart) inconcevable d'être féministe et de porter le voile, d'être féministe et d'aimer le Rap hard-core, d'être féministe et femme au foyer. C'était forcément un acte de soumission dicté par l'homme. Je me suis détournée un temps de ces débats, blessée d'être mise de côté par celles-là qui étaient blanches, souvent issues des classes supérieures, exerçant des métiers intellectuels.

Il y a une chose qui n'a jamais été négociable dans ma vie : la liberté. Pour elle, j'ai sacrifié beaucoup : mes relations, mon confort, la facilité. Enfant, je me souviens m'être disputée avec un groupe de garçons qui ne voulaient pas que je joue au football parce que « c'est pas pour les

1. Front de libération nationale, parti algérien créé en 1954 pour obtenir l'indépendance du pays.

filles ». De quel droit me dictaient-ils ce qu'il m'était permis ou non de faire ? Je me suis imposée sur le terrain. J'ai volé le ballon grâce à mon meilleur sprint ; ils m'ont attrapée et frappée.

Voilà ce que je voudrais répondre à tous ces gens qui me critiquent : je fais ce que je veux. Absolument, résolument, passionnément ce que je veux. Je dispose de mon corps et de mon image comme je l'entends. Et je respecte celles qui font d'autres choix. N'est-ce pas ça, le féminisme ? Je ne donne de leçons à personne. Je défends la fille qui porte le string autant que celle qui porte le voile. Et j'aimerais qu'on arrête de commenter l'apparence des femmes, que les chaînes d'informations cessent de courir après l'audience en qualifiant des gamines de quinze ans qui portent une robe longue d'« ennemies de la République », que la police arrête de demander à une femme victime de viol le détail de sa tenue au moment des faits et pourquoi elle a attendu longtemps avant d'en parler. En Suisse, le règlement a changé dans nombre de piscines depuis peu : le burkini est accepté. Celles qui veulent nager topless aussi.

J'aimerais dire à ceux qui nous gouvernent que nos libertés se meurent, et que nous savons que le mépris de classe et le racisme qui rongent les institutions ne sont qu'un épouvantail qui vise à camoufler la dureté des conditions de survie du peuple. En 2023, on comptait 330 000 personnes sans domicile, et 56 % des étudiants en situation de précarité se privent de repas. En 2022 on comptait 136 féminicides. En 2023, 94. Dans *Le Meilleur des Mondes*, Aldous Huxley définit la dictature parfaite : « Une dictature qui aurait les apparences de la démocratie, une prison sans murs dont les prisonniers ne songeraient pas à s'évader. Un système d'esclavage où, grâce à la consommation et au divertissement, les esclaves auraient l'amour de leur servitude. »

*

Le principe de liberté m'est tellement sacré qu'il me met parfois dans des postures délicates. Les 17 et 29 février 2024, à Bercy. Kaaris performait l'album *Or Noir* à l'occasion du dixième anniversaire du projet. Kaaris est la référence ultime du Rap dans sa version hard-core. L'album est un classique et le show était, lui, légendaire. Yard, Play Two Live et l'équipe managériale de l'artiste m'ont accordé leur confiance pour m'occuper du casting. Leur volonté était d'inclure les Vixens dans l'histoire du Rap français. Ils m'ont laissée libre et sans contrainte dans le choix de mon casting, et le nom des égéries oubliées du Rap serait crédité au générique pour que l'Accor Arena se souvienne.

Deux minutes avant de monter sur scène, en effectuant le *check* final sur chacune de mes filles, j'ai réalisé que l'une de mes Vixens (qui avait déjà fait le faux pas de boire de l'alcool en *backstage*) avait choisi pour accessoire un plug anal lumineux. Elle a argumenté : c'était son personnage, « une pétasse des enfers », et ça illustrait certaines *lyrics* de la performance. J'ai hésité une seconde, puis l'ai laissée faire, au nom de l'indépendance.

La démarche a été jugée obscène (à raison) par les médias et une partie du milieu. Ça a entaché la critique médiatique que la performance historique de Kaaris aurait méritée. Cela a même éclaboussé l'image des autres Vixens. En voulant prendre la lumière sur Bercy, elle a éteint celles de ses sœurs.

Pourquoi ai-je dit oui ? Parce que c'était son choix, son corps, sa liberté. Je n'ai jamais rien dicté aux Vixens dont j'ai la responsabilité. Jamais forcé quiconque à faire quoi que ce soit. C'est le deal, et c'est pour ça que je fais ce métier.

Encore aujourd'hui, je ne sais pas si j'ai pris la bonne décision, mais je ne la regrette pas. J'ai la liberté si chevillée au corps, celle des femmes en particulier, que je suis prête à accepter des extravagances déplacées et irrespectueuses. Peut-être ai-je raison, peut-être ai-je tort.

La moralité des uns s'arrête là où commence celle des autres.

Révélation : le Rap est à l'image de la société. Peut-être même est-ce un miroir grossissant. Donc, oui, il peut être misogyne. Et il peut continuer de l'être puisque les femmes (pourtant nombreuses) qui s'y essaient ne trustent jamais le haut des hit-parades. Diam's était l'exception qui confirme la règle. Elles sont pourtant au moins aussi talentueuses que les hommes. Sur la scène actuelle, je pense à Shay, Meryl, Chilla, Le Juiice, Kay The Prodigy, Davinhor…

Deux constats s'imposent. Les auditeurs écoutent très peu les rappeuses et les auditrices préfèrent aussi majoritairement écouter des hommes. Pour une raison sans doute : quand le Rap est devenu mainstream, les artistes masculins sont devenus les égéries de la culture hip-hop. La mode et le cinéma ont participé à les rendre séduisants pour le public. Ils soignent leur look et leur direction artistique en incarnant des personnages, les faisant évoluer parfois, à l'image de SCH avec ses avatars Julius et Giulio – artiste qui, à mon sens, excelle dans cet exercice de personnification et d'interprétation.

Les femmes ont, depuis des siècles, l'habitude de procéder ainsi. Quand nous lisons *Les Trois Mousquetaires*, nous préférons nous identifier à d'Artagnan qu'à Milady. Notons qu'en revanche, peu d'hommes aiment à se mettre dans la peau de Madame Bovary. Et donc, honnêtement, quand j'écoute : « Ferme un peu ta gueule, va me faire un steak frites » ou « Rappelle-toi quand t'avais des courbatures, je t'avais bien niqué ta race », quand je chante les *lyrics* de ma playlist, je ne les perçois pas comme étant adressé à une fille, pas du tout. Le point de vue de la narration est interne, c'est-à-dire que je m'identifie à l'artiste qui fait l'action. Je m'imagine être une femme le disant à un mec. C'est une façon de revendiquer ma force et ma virilité. Peut-être que toutes ne peuvent pas faire ce renversement, et c'est compréhensible. Cela étant, la musique et l'art sont toujours perçus à travers un prisme subjectif. Et si j'ai le droit d'y voir autre chose, elles ont parfaitement le droit d'y voir une attaque misogyne. À mes yeux, quand il écrit son texte, le rappeur genre ses personnages mais pas son public, il s'adresse à une entité globale. Le Rap ne distingue pas ses auditrices de ses auditeurs, car il n'existe pas de Rap féminin, tout comme il ne devrait pas exister de catégorie « urbaine » aux Victoires de la musique. Dans ce noble art comme dans d'autres domaines, c'est à nous de renverser la vapeur et de reprendre le contrôle. Il ne faut pas laisser le monopole aux hommes.

Dans cette discipline, en comptant les Vixens, les femmes représentent moins de 5 % de toute l'industrie. Les relations entre les Vixens elles-mêmes sont parfois compliquées, alors imaginez les relations entre celles-ci et les autres professionnelles, celles des prods et des labels. C'était assez insidieux, mais quand j'étais Vixen, je voyais dans leurs façons de me regarder, de me parler, qu'elles ne me considéraient absolument pas. Une forme d'hostilité se faisait sentir. Aujourd'hui, je le comprends. Elles aussi ont tellement galéré pour pénétrer ce milieu masculin qu'elles ont eu l'impression qu'on mettait à mal, en faisant commerce d'une féminité exacerbée, les mille précautions qu'elles prenaient depuis des années. À l'époque, j'ignorais que certaines d'entre elles étaient, tout comme nous, droguées, battues, violées. Nous vivions des drames identiques les unes à côté des autres, sans le savoir. Combien de filles se sont croisées sur un plateau, traînant la même culpabilité et ignorant qu'elles avaient été victimes du même prédateur ? C'est grâce à la peur et à notre silence que les rats se sont sentis à l'abri de toute justice.

Les années passant, j'ai eu et j'ai encore l'occasion de discuter directement avec des femmes se revendiquant féministes, de véritables militantes. La plupart me considèrent comme étant une ennemie de la cause. J'entends de nombreux « tu dessers le combat en te mettant à la disposition des fantasmes des hommes », « tu participes à la fétichisation du corps de la femme ». À ces personnes, je voudrais dire qu'en premier lieu, je déconseille à quiconque de faire ce métier. Quand je reçois des filles pour la première fois, je les alerte sur la dureté de ce travail, les tombereaux de remarques qu'elles vont se prendre, les traces qu'elles laisseront ad vitam aeternam sur Internet. De plus, l'objectification de la femme est une problématique qui relève de la société dans son entier, pas uniquement du Rap, qui n'est que l'un de ses reflets.

Au final, je ne laisserai personne dire que cette activité dessert la cause. C'est beaucoup plus compliqué que ça.

Car c'est féministe de s'en foutre à ce point des mœurs et de se dire : « Vas-y, moi je sacrifie ma vie pour ça, pour le Rap. » C'est féministe d'oser entrer sur un plateau devant une soixantaine d'inconnus, avec pour seul vêtement son charisme, et de parvenir à se faire vouvoyer et respecter. C'est féministe d'avoir été parmi les pionnières à représenter la gent féminine dans sa pluralité, avant même que notre industrie laisse la parole aux rappeuses. C'est féministe de renverser les diktats de la beauté – décidés par des hommes blancs de cinquante ans en conférence de rédaction. C'est féministe d'avoir permis à des femmes de se voir, pour la première fois, représentées par d'autres femmes qui leur ressemblent.

Vixen, avant de qualifier les filles de ma profession, est le nom d'une superhéroïne afro-américaine des Marvel. Capable de contrôler les animaux et de prendre leurs pouvoirs. Être Vixen, c'est avoir un grand pouvoir. Avec la résille comme armure et la possibilité de s'inventer un personnage.

Aucune ne le devient par hasard. Cela arrive toujours à un moment particulier de la vie. Quand on est sur le point de craquer, quand on se cherche, quand on est enfermée dans une situation personnelle ou professionnelle qui ne nous convient pas. Devenir Vixen permet, pour le pire et le meilleur, de s'affranchir d'un certain nombre de carcans. Se créer un rôle, s'inviter à laisser de côté les interdits, la timidité : tout devient faisable quand on se libère complètement du poids des convenances. En choisissant une couleur de cheveux audacieuse, en ornant ses ongles de strass et de diamant, en riant plus fort que ce que dicte la bienséance.

En somme, nous faisons comme nous pouvons, comme toutes les femmes de ce monde. Et oui, nous prenons part au combat féministe à notre façon. L'affranchissement de soi passe par des chemins multiples, mais c'est toujours un combat gagnant. Ne nous élevons pas les unes contre les autres et continuons d'armer notre lutte contre le patriarcat, de toutes les manières qui soient.

CHAPITRE XII

Solange, ma grande.

Au fil des années, Solange et moi avons, grâce aux souvenirs partagés, développé un lien très fort. C'est le Rap qui nous a réunies, je ne pouvais pas imaginer que ce serait lui qui nous séparerait. Dès le premier regard, nous avons eu le sentiment singulier d'avoir trouvé la sœur qui manquait à notre vie. Son personnage de femme fatale devant la caméra n'a d'égal que sa candeur, qu'elle retrouve une fois démaquillée dans son pyjama des Aristochats. Elle aime commander un Coca fraise (toujours trop sucré) et manger des pois au wasabi (toujours trop épicés). Sur les étagères du dressing de sa chambre, les sacs à main et les souliers de créateurs côtoient sa collection de peluches et de princesses. Ses amours et ses amitiés sont restreintes, elles se résument au cercle de ceux qu'elle considère comme en étant dignes. La confiance qu'elle finit par accorder a pour seul équivalent la méfiance qu'elle continue de garder malgré les années qui nous lient. Solange vit le présent. Cette recette qu'elle a trouvée pour guérir de ses mauvais souvenirs semble fonctionner.

Elle a réussi à faire durer ses vingt ans pendant presque deux décennies.

À trente-huit ans, elle n'a connu que trois hommes. Sa première histoire de jeunesse est tristement banale : elle s'épuisait à vendre des souliers dans un grand magasin, tandis que son compagnon dépensait tout l'argent du ménage (c'est-à-dire celui de Solange) en cigarettes et jeux vidéo. Elle m'en parle très rarement, et avec beaucoup de pudeur.

— Tu sais que j'ai partagé douze ans de ma vie avec ce mec ? Et pourtant, ma mémoire a effacé son prénom tellement j'ai prié pour l'oublier, je te jure ! Quand je suis devenue Vixen, j'ai lâché mon taf d'esclave. Le gars a vu qu'il n'avait plus d'emprise affective sur moi, il devenait de plus en plus jaloux. À la fin, il me tabassait tous les soirs. J'ai laissé toutes mes affaires, et je suis partie sans même une culotte de rechange me réfugier chez ma mère. J'ai porté plainte et j'ai continué ma vie. D'ailleurs, c'est là que j'ai voulu refaire mes seins, après les deux côtes qu'il m'avait cassées, j'avais envie de réparer mon corps. C'est à ce moment que je t'ai rencontrée.

— Sérieux ? Pourquoi tu ne m'en parles que maintenant, six ans après ?

— Haha ! C'est la reine des cachottières qui me dit ça ?

Je rougis et ne réponds pas.

— Mon deuxième mec, c'était un entrepreneur de banlieue qui avait réussi, un papa célibataire, pieux, romantique. J'étais très amoureuse. Au bout de deux ans, j'ai appris qu'il était marié et qu'un troisième bébé était en route. Moi, il m'a forcée à avorter deux fois en prétextant que ça tuerait sa mère, fragile du cœur, de le savoir avec moi.

— Laisse-moi deviner, il a dû te sortir le couplet du « t'es une meuf de clips, je veux pas de ce genre de mère pour mon enfant. C'est de ta faute si on en est là ».

— Haha ! Tu étais là ou quoi ?

— C'est toujours les mêmes discours avec ce genre de mecs pas très à l'aise dans leur masculinité.

— Mon dernier mec, c'était un rappeur.

— Et la règle numéro six : ne jamais sortir avec un rappeur ?

— Et donc la règle se confirme. C'était un calvaire, un mélange de mes deux premières histoires, l'amour en moins et l'ego en trop. J'espère que t'as compris que les femmes comme nous ne pourront jamais être aimées pour ce qu'elles sont. On est beaucoup trop libres pour qu'un homme sain d'esprit accepte de nous aimer sans tenter de nous faire incarner ses fantasmes. En vrai, la plupart des hommes que j'ai rencontrés voulaient que je continue à n'être qu'une Vixen qui joue dans leur vie le même rôle qu'on interprète face caméra. Je sais pas où t'en es avec ton Monsieur du moment, celui qui t'a fait me mentir et qui t'a distraite pendant cette funeste soirée avec Saphir. Mais si c'est un mec du *game*, pour ta santé et pour ton cœur, fais en sorte que cela ne dure qu'un moment.

Dans un taxi, je la vois glousser derrière son téléphone.

— Qu'est-ce qui te fait marrer, comme ça ?

— Rien, une copine.

— Je suis ta copine la plus drôle, donc permets-moi d'en douter, lui dis-je.

— Sheryl est marrante quand elle est de bonne humeur.

— Mouais, je ne l'ai jamais vue de bonne humeur alors ! Je voudrais bien rigoler aussi, partage la blague. Allez, dis-moi qui c'est.

— Haha ! Comment ça « dis-moi qui c'est » ? Tu es mignonne quand tu veux jouer ta grande. C'est pas tes oignons, ma chérie.

— Si tu me le dis pas tout de suite, je vais allumer une clope et te souffler dans la gueule.

Solange déteste l'odeur du tabac.

— Pitié ! Non ! Avec ton gros nez quand tu fumes ça fait appel d'air, tu vas nous asphyxier.

— Dis-moi, putain ! Qui te rafale de messages à deux heures du matin ?

— Bon, vas-y je t'explique. Tu te souviens du tournage à Aubervilliers, il y a trois semaines ?

— Waaah, ça pue déjà la merde. T'as fait quoi ? C'est le rappeur, là ?

— Pas du tout. Le producteur.

— Ce bandit reconverti en producteur ?

— Ma sœur, tu vas croire que je suis devenue folle, mais très sérieusement, j'ai eu un coup de foudre. Ça arrive qu'une fois dans la vie. Je suis amoureuse.

— Un mec que tu connais depuis trois semaines ? lui fais-je remarquer en riant.

— Rigole si tu veux, mais j'estime que j'ai le droit d'être heureuse, j'ai mérité un peu de répit dans ma vie.

— Tu le mérites, oui.

Solange, la doyenne des Renardes, la plus maligne de toutes, ne saura pas estimer le prix exorbitant que cet amour lui coûtera.

Puisque les sentiments d'une sœur surpassent ceux d'une amie, mon rôle n'est pas de lui dire quoi que ce soit, mais de faire en sorte d'être présente. Qu'importe si les choix qu'elle fait nous éloignent. Une sœur doit toujours être là et, en ce sens, j'échouerai.

Néron. Un incontournable de l'industrie. Un producteur de génie, un requin des affaires, un visionnaire absolu. Et aussi l'une des personnes les plus dangereuses du milieu.

Les premiers mois ont tout d'une idylle sincère et épanouissante, même si les cadeaux exorbitants que Solange lui adresse m'inquiètent un peu. Il faut dire que ma grande ne fait jamais dans la demi-mesure quand elle aime. Un soir, je la retrouve complètement abattue. Elle me fait lire le message de Néron :

« Écoute, toi et moi c'est pas une histoire sérieuse. Jamais je m'engagerai avec une femme comme toi qui affiche son cul partout dans des clips. Les gens te voient comme une pute et je veux pas de ça. »

Je suis dégoûtée pour elle mais pas surprise.

Pourtant, Solange, amoureuse (ou peut-être déjà sous emprise), ne le quitte pas. Une nuit, alors que je dors chez elle, je découvre en changeant ses draps de larges taches de sang sur le matelas. Accablée, elle me révèle qu'il est violent durant leurs ébats. Il prend beaucoup de plaisir à l'éprouver dans toutes les limites de son corps. Elle sort une boîte du fond de son armoire et déballe devant moi les seuls présents qu'il lui avait offert : une panoplie de sex-toys larges, nervurés, certains faisant la taille de mon bras, des chaînes, des menottes, un bâillon, des colliers ressemblant davantage à des instruments de torture qu'à des accessoires destinés au plaisir.

Au fils des mois, Néron accroît son emprise, jouant sur les traumas passés qu'elle lui a confiés en s'abandonnant, et sur sa peur de rompre le lien, qu'il alimente en soufflant le feu et la glace au rythme de leurs échanges. Solange, pour ne pas le perdre, dépense toutes ses économies, jusqu'à devoir quitter son appartement pour s'installer chez sa tante, la seule à accepter encore sa profession. De mon côté, je mets tout en œuvre pour lui faire prendre conscience qu'il faut s'éloigner de cet homme dangereux et destructeur. Rien n'y fait.

À cette période, Néron, prétextant un rendez-vous professionnel, propose à une rappeuse de passer la chercher. En chemin pour le studio, il prétend avoir oublié des documents importants chez lui. Il insiste pour la faire monter. Il invente alors quelque chose à aller chercher sur sa table de chevet, s'évertuant à l'attirer dans sa chambre. Voyant qu'elle résiste, il la menace d'une arme pour avoir un rapport sexuel.

Elle se voit forcée de négocier son viol, une fellation plutôt qu'une pénétration. Ça, je l'ai appris bien plus tard, trop tard.

Un soir, j'aide Solange à se faire belle pour une Saint-Valentin d'octobre qu'elle n'espérait plus. Je n'ose pas gâcher le moment en la mettant une énième fois en garde. J'aurais dû insister. Aujourd'hui, je le sais. Le type sonne, elle dévale les escaliers, les bras chargés de cadeaux. Quand elle sort, il démarre son SUV en trombe et part. Coup de téléphone dans la foulée, il lui demande de lui laisser les présents sur le trottoir, car, précise-t-il, elle ne mérite pas de le voir. Solange fond en larmes, s'exécute et regagne le hall d'entrée. La voiture, d'un noir Vantablack de la jante aux carreaux, ressemble à une Batmobile. Il repasse, charge les paquets dans le coffre, va dans le hall pour retrouver Solange et exige d'elle une fellation. Pour la première fois, elle refuse. Jusque dans l'appartement du troisième étage dans lequel je me trouve retentissent des éclats de voix et des sanglots.

J'entrouvre la porte, perçois les mots de l'homme, agressifs, puis des bruits sourds, comme métalliques. Solange finit par remonter, le cou et les bras rougis par ce qui ressemble à des marques de strangulation. Néron l'a agrippée et contrainte à un rapport sexuel. Très certainement contre les boîtes aux lettres de l'immeuble, d'où le bruit de tôle. Je ne dis rien à Solange. Elle n'a pas besoin de m'entendre dire ce qu'elle sait déjà. Je la mets sous la douche, la lave, et malgré l'eau qui coule sur son visage, je vois ses larmes.

Ces faits se reproduisent par la suite, toujours plus sales, toujours plus violents. Parfois, il use de sadisme en menaçant Solange de rompre le contact avec elle, sachant le pouvoir de son emprise et la détresse émotionnelle qu'il déclencherait chez elle. Il lui liste ensuite par WhatsApp de nouvelles exigences. Fist anal, double pénétration par sodomie et j'en passe. Il souhaite qu'elle s'y prépare pour ne pas s'y soustraire le moment venu ; pour lui ou lorsqu'il déciderait de convier ses amis à la fête sans le consentement de Solange. Il ponctue ses messages d'insultes. Solange arrête son métier de Vixen, allant même jusqu'à se faire retirer ses implants mammaires, ce qui traduit une forme d'automutilation. Elle renonce à toutes ses coquetteries, tout ce qui fait d'elle une femme libre de ses choix. Petit à petit, Néron achève son entreprise de démolition en isolant Solange de ses amies, car nous sommes également des putes à ses yeux. Surtout, il sait qu'à plusieurs, nous sommes peut-être susceptibles de lui faire prendre conscience de sa condition d'esclave sexuelle.

Le pire restait à venir. Solange finit par tomber enceinte de son bourreau. Lui, lucide quant à la possibilité d'une éventuelle grossesse, n'a jamais exclu ce scénario. Il a même prétendu qu'il assumerait cette responsabilité en « bon religieux » qu'il est supposément. L'hypothèse devenue réalité, Solange, enceinte de deux mois déjà, craint une réaction violente de la part de Néron. Elle est terrorisée à l'idée de devoir lui annoncer. Sans surprise, et contre sa volonté, il ne lui laisse d'autre choix que d'avorter de ce bébé qui représente pour lui la preuve vivante des sévices dont il est coupable. Un matin, il débarque en bas de son immeuble, prétextant vouloir discuter avec elle. C'est la première fois qu'elle le voit en journée. Sans l'en informer, il la conduit dans une clinique pour un premier rendez-vous. Quelques jours plus tard, il réitère, toujours avec le même *modus operandi*, pour un second rendez-vous qui cette fois règle définitivement son « problème ». Néron est parvenu à la priver de son corps, de sa dignité, et maintenant de son choix d'être mère.

À la fin de notre amitié, Solange n'est plus que l'ombre de la femme qu'elle s'était tant efforcée de devenir. Elle est de plus en plus vindicative dans ses échanges avec moi, me reprochant ma *Vixenerie*. Dans sa bouche, j'entends les critiques misogynes que Néron lui martèle sans relâche et qu'elle me répète à son tour. Elle me demande de prendre ma retraite avec elle pour ne pas contrarier son bourreau. Je me décide alors à dire à Solange la vérité sur l'homme marié adultère qu'il est, information que j'ai réussi à glaner auprès d'une maquilleuse qui le connaît bien, et ce même si elle doit déjà s'en douter. C'est là ma dernière tentative pour la soustraire à l'emprise de cet homme. Mais j'ai sous-estimé l'ampleur de son pouvoir sur elle, car au son de la vérité, Solange me gifle. Pour la première et dernière fois. Peut-être suis-je trop jeune pour pouvoir l'aider, trouver les mots justes, la raisonner ? Peut-être suis-je lâche ? Qu'importe, je refuse de la voir se détruire de la sorte.

C'est ainsi que j'abandonne Solange à son triste sort, sans prendre même le temps de lui dire un dernier « merci ».

Depuis, cet enfant du diable est venu m'interpeller plusieurs fois sur les réseaux sociaux. Parfois pour complimenter certaines de mes photos, parfois juste pour plaisanter d'un ton léger, comme si lui et moi étions de vieux amis. Il m'arrive de le croiser lors d'événements professionnels, comme il y a quelques semaines encore, à la Maison de la Radio. Malgré son influence dans notre métier, il ne s'est jamais montré malveillant à mon égard. Tout au contraire. Il n'hésite jamais à me rejoindre à l'autre bout de la salle pour me saluer, comme si nous avions déjà travaillé ensemble. Pourtant, nous savons tous deux la vérité : nous ne sommes pas censés nous connaître. Néron n'a jamais évoqué le nom de Solange, elle est pourtant l'unique vérité qui nous lie.

La vérité, c'est qu'à chaque fois qu'il me salue, c'est un aveu de ce qu'il a fait subir à ma sœur.

La vérité, c'est Solange.

CHAPITRE XIII

Si vous lisez cela, pardonnez-moi, Solange, Saphir, Eden et celles que j'ai dérangées dans leur reconstruction ou dans leur repos. Pendant onze ans, je suis restée muette, pendant quatre ans, j'ai hésité à écrire ces pages. J'aurais pu faire un livre insignifiant sur les Vixens, ne raconter que les strass et les paillettes, mais cette histoire n'aurait pas été la nôtre. L'année dernière, pas une semaine ne s'est écoulée sans qu'une collègue au bord du gouffre ne m'appelle pour me livrer un témoignage toujours plus grave, plus violent et plus quotidien. À part tenter de vous encourager à porter plainte, vous donner le numéro d'une association, ou prévenir les autres filles, j'étais impuissante. Je n'ai fait qu'une promesse à toutes mes sœurs.

« Je te crois, je te promets que je n'oublierai pas. Un jour ils devront répondre de leurs actes. »

Aussi, je vous demande pardon, mes sœurs, car ce n'était pas à moi de faire déballage de vos martyres.

Il me reste une dette envers ceux qui ont pris un peu de leur temps pour connaître l'histoire des égéries oubliées du

Rap, et une dette envers *elles*. Je me dois d'être sincère et de tout vous dire, même ce que j'aurais souhaité taire à tout jamais pour protéger ce que j'ai de plus précieux.

Mais avant de narrer les événements les plus intimes de ma vie, il me faut expliciter quelques éléments théoriques, afin que la lecture soit éclairée d'une lumière que je n'avais pas à l'époque. Et à titre préventif, que toutes les femmes devraient avoir.

Les relations les plus toxiques sont toujours basées sur la perversion et la manipulation, un jeu subtil et destructeur qui dépèce petit à petit la victime de ses capacités de choix et de discernement. Il n'y a pas de proie désignée, mais certains traits de personnalité deviennent des leviers potentiels, comme la générosité et la bienveillance au sens large ; une hypersensibilité, un parcours de vie difficile ; le manque d'estime de soi, la tendance à la culpabilité et à l'effacement, la phobie de l'abandon…

Ces relations se structurent au travers d'un phénomène progressif d'emprise. La manipulation n'est efficace à long terme que si une accroche a été établie. Le manipulateur, le vampire d'énergie (on pourrait aussi l'appeler « le Salopard », même si je préfère qualifier les demi-hommes de « petites salopes ») joue sa partition en canon. D'une voix, il amadoue par excès de zèle, en exagérant les preuves de ses sentiments. Puis une fois que le lien est noué, l'autre voix, une octave plus grave, vient contraster avec la première : il fuit, il ment, et très vite la victime n'a qu'une peur, celle de le mettre en colère.

Les barreaux de la prison sont érigés.

Trois armes spécifiques sont employées pour faire voler en éclats le libre arbitre : le doute (la déstabilisation de l'autre dans ses convictions, en se plaçant en position de savant) ; la peur (qui naît d'un climat général de terreur dû à un tempérament nerveux, irritable, voire franchement colérique) ; et enfin, la culpabilité (accusations diverses et récurrentes, insatisfaction chronique, attentes démesurées qui sont vouées à l'échec).

Il s'agit bien ici des barreaux d'une prison, car ils retirent à la personne la possibilité de se rebeller et donc de partir : le doute est trop constant pour être sûr de soi, la culpabilité trop grande pour condamner les violences subies, et enfin, la peur fait office de soumission.

Une des techniques de fragilisation la plus fréquente est le passage soudain et inattendu d'un état à un autre, d'un extrême à l'autre. De la violence à la tendresse, du compliment à la critique, du silence au bruit, du trop présent à l'absence… de l'amour à la haine. D'un « je t'aime » à une gifle. Cette cyclothymie dévastatrice perd la victime dans un trop-plein d'émotions contradictoires, où ce qui est reproché se noie dans la gratitude et l'illusion d'une relation qu'on lui vend comme passionnelle.

Mais pour commencer toute histoire, bonne ou mauvaise, il faut d'abord se rencontrer.

Depuis trois ans, ce mec me drague, lourdement. Le sale gosse en question traîne une mauvaise réputation dans les coulisses du Rap, et est plus connu pour ses conquêtes que pour sa musique. Pendant trois ans, je ne lui consens aucune considération autre que professionnelle. Il finit par utiliser le prétexte du travail pour que je lui réponde. Au fur et à mesure de nos échanges, son image de charognard dépeinte par plusieurs collègues commence à s'estomper, et ma méfiance avec.

Je lui accorde quelques qualités indéniables, et son sens de l'humour est celle que je préfère.

C'est le début de mois d'août. La soirée au Wanderlust doit débuter vers minuit, j'ai branché l'équipe de Heartless – les organisateurs – avec celles de Gazo et Jok'Air pour les convier aux festivités. J'hésite encore sur la paire d'escarpins qui serait la plus confortable pour cet événement qui ne s'achèvera qu'aux premières lueurs de l'aube.

C'est parce que je n'ai rien de mieux à faire pour tuer le temps avant de m'y rendre que j'accepte d'aller dîner avec ce mec insistant. Je veux me faire mon propre avis, lui accorder le bénéfice du doute : peut-être est-il seulement victime de sa mauvaise réputation. J'aime toujours donner leur chance aux gens : une qualité qui m'a coûté cher.

Pour ce premier rendez-vous, il propose de nous retrouver pour dîner à La Closerie des Lilas, un restaurant au cœur du Paris littéraire. Il a visé juste car, malgré le cliché, c'est un endroit que j'affectionne. Je m'installe à une table sous la véranda. Il me rejoint, dix minutes après, essoufflé et transpirant.

— Je suis vraiment désolé pour le retard.

— Je t'en prie, pas de soucis, je suis arrivée il y a peu.

Il a l'allure d'un vieux garçon coincé entre deux âges qui croit suivre la tendance en s'habillant comme un adolescent.

— Tu es vraiment élégante. Encore plus que la dernière fois qu'on s'est croisés à La Cigale.

— Je vois pas comment t'as fait pour me voir, avec toute cette foule.

— J'aurais pas pu te louper, avec ta petite chemise blanche et tes gants en dentelle.

— Tu devrais enlever ton blouson avec cette chaleur.

— Non, tu vas trop te foutre de ma gueule.

— Pourquoi ?

— En finissant de me préparer pour notre rendez-vous, je me suis tapé une fixette sur mes poils de poignets. Sans savoir pourquoi, je les ai rasés. Mais le contraste était ridicule avec le reste du bras. Donc j'ai tout enlevé. Et je me suis dit que j'allais avoir l'air con, alors je me camoufle sous mon cuir.

Je ris trop fort pour ce lieu de haute culture, pour ces serveurs au nœud papillon et ces touristes russes endimanchés. Je ris à en faire couler le noir de mes yeux, je ris comme je n'ai pas ri depuis longtemps. Voilà comment il m'a eue. Par son humour et son manque d'assurance. Nous discutons des heures. Pour une fois, on ne me pose pas les sempiternelles questions du genre : « Tes parents pensent quoi de ce que tu fais ? » ou « Qui sont tes ex ? » Lui me parle de Marjane Satrapi, Charles Bukowski et Stig Dagerman.

Pour notre deuxième rancard, je suggère d'aller au Chat Blanc, pour ne pas changer mes habitudes. Il a une belle voix, une éloquence remarquable, des névroses comparables aux miennes et un amour chevillé au corps pour le Rap. Nous sommes tous les deux passionnés et excessifs.

Pour le sixième, je décide de lui faire découvrir le Pink Paradise. Mon deuxième bureau. Tard dans la nuit, le Vieux

Garçon m'y rejoint et l'on nous installe sur ma banquette préférée, celle qui fait face au podium. Comme toujours lorsque je viens au Pink, je croise des dizaines de Vixens. Ça déborde d'amour, d'embrassades, de ravitaillement en clopes, en feuilles, d'échanges de gloss et autres bas résille. Cela amuse le Vieux Garçon qui semble adhérer à mon univers. Le premier homme à qui je le montre, en confiance.

Heidi, une de mes Vixens, finit par nous sauter dessus.

— Ma chérie! T'as pas jeté un œil sur ma presta. C'est ton amoureux? Tu rappes, toi, non? Ça fait longtemps que vous êtes ensemble?

Dans ces moments-là, je ne regrette pas de ne pas avoir eu de petite sœur.

— Arrête ma chérie, c'est gênant, il est trop tôt pour parler d'amour…

Le Vieux Garçon lui serre la main, la félicite pour son show. Et ajoute :

— Ça fait un mois. Et je l'aime déjà. Il n'est jamais trop tôt pour parler d'amour, ma biche.

Mon cœur se serre.

Plus tard, Heidi et lui insistent pour que je danse. Je rechigne. Ils insistent encore. Heidi va à la cabine de la régie, qui m'invite à rejoindre le floor.

Le Vieux Garçon ne me quitte pas des yeux. Ma prestation est maîtrisée, mais mon pantalon, hélas, ne résistera pas à mon grand écart.

C'est ce soir-là que j'ai dit « je t'aime » pour la première fois. Je m'étais abstenue de faire cette promesse à un homme toute ma vie. Le moment est parfaitement choisi, à ce Vieux Garçon que je juge digne, dans les lumières scintillantes de mon *strip club* préféré. Et malgré la fête, ses plaisanteries et son rire, son regard laisse transparaître la mélancolie qu'il traîne. Je ne suis faite que de paradoxe : j'aime tout ce qu'il déteste en lui. Sa sensibilité, ses excès de tout, son questionnement existentiel permanent qui nous pousse à philosopher jusqu'au matin.

Il me parle de sa dépression, de ses innombrables dettes, des deux avances que son label lui réclame de rembourser, de son incapacité chronique à créer, de son désir de cinéma alors qu'il est plus proche de la retraite que du début de sa carrière. De mon côté, je lui confie mon épuisement moral, les témoignages que je reçois chaque semaine de filles en détresse, la paperasse que je dois gérer depuis que j'ai établi ma société de production, mes rêves d'enfance. Je lui parle aussi de mon projet d'écrire un livre pour les Vixens, encouragé par mon amie Rokhaya Diallo qui m'honore à tant croire en moi.

Il m'écoute, me comprend.

Notre histoire ressemble à une création originale Netflix. Le Vieux Garçon et moi ne nous quittons plus, et chaque coin de Paris portera un souvenir de nous. Bientôt, je lui présente mes amies et ma famille, chose que je ne fais jamais.

Nous allons à l'opéra pour rire trop fort et au théâtre pour offusquer les vieux bourgeois avec notre amour, à la grande mosquée pour prendre le thé, dans les musées pour nous embrasser devant nos œuvres favorites, pour que je lui montre les premières Vixens de l'humanité (*La Grande Odalisque* d'Ingres, les *Femmes d'Alger dans leur appartement* de Delacroix). Les autoportraits de Van Gogh troublent le

Vieux Garçon car, je l'ignore à ce moment encore, il a un point commun avec le peintre. Hélas, pour moi ça n'était pas celui pas d'être doué avec la peinture à l'huile.

Cinq mois après, première anicroche dans notre relation. Désireux de pallier sa panne créative, il part en résidence artistique dans le Sud. Alors que nous échangeons quotidiennement, il ne me donne plus aucune nouvelle durant trois jours. Je ne suis pas dupe. Je connais la chanson par cœur, et son goût pour les jeunes filles. Je lui rends la pareille et fais la morte, même après son retour à Paris. Cela le met très en colère. Je finis par lui donner rendez-vous un soir pour discuter. Il arrive avec une heure de retard, comme toujours.

Emplie de déception, je lui demande de me dire la vérité, en larmes, morve au nez. À la fin de la discussion, il m'avoue avoir baisé deux escortes. Minimisant son forfait comme un criminel qui avoue un vol à défaut d'un meurtre.

La femme que je suis à cet instant ne ressent plus de colère face à l'infidélité. Des années auparavant, Marius, après m'avoir tabassée pour me dissuader de porter plainte, m'avait dit et répété : « De toute façon, les Arabes vous êtes des hystériques, des violentes, vous savez pas parler, vous ne faites que hurler. Je dirais que c'est toi la folle et que tu m'as menacé, que tu t'es fait ça toute seule pour l'oseille. » J'avais dix-neuf ans.

Depuis, je refuse de montrer toute expression de colère, jamais je ne me laisse aller à « l'hystérie » comme ils adorent la nommer. J'ai toujours conservé mon calme dans le chaos mis par les hommes que j'ai invités dans ma vie. Jusqu'à un certain point…

Je ne parviens pas à quitter le Vieux Garçon. Il réussira d'ailleurs le tour de force de me faire culpabiliser en me reprochant mon manque de foi en lui.

Pendant un mois et demi, le Vieux Garçon est aux petits soins pour gommer son gâchis. Il me couvre d'amour et d'attention, tentant de racheter ma confiance.

En revanche, il se montre de plus en plus irascible, colérique. Il fait des crises de nerfs pour des broutilles puis redevient mielleux dans la seconde qui suit. Des signes avant-coureurs, que d'autres voient (y compris des inconnus), mais pas moi.

Un soir, dans un Uber, il me propose de choisir le restaurant. Je lui demande s'il préfère des sushis ou une pizza. Sans motif apparent, il laisse éclater sa rage.

— T'es même pas capable de choisir un resto sans moi, tu pollues mon esprit avec des conneries !

Je n'arrive pas à retenir mes larmes face à ses cris sortis de nulle part.

— T'es vraiment une pauvre fille, tu sais que pleurer, t'as un gros problème psychologique, j'ai essayé de t'aider, mais si tu t'obstines à ne pas vouloir te soigner, franchement si tu n'entreprends pas une thérapie rapidement c'est fini entre nous.

Lorsqu'il sort du véhicule, le chauffeur, qui était resté silencieux tout le trajet, verrouille ma portière avant que je puisse descendre. Il se tourne, s'enquiert de mon état. Le Vieux Garçon tape à la vitre, le conducteur l'ignore et s'adresse à moi en arabe : il me propose de sortir pour le calmer et de me ramener chez moi. Il conclut par un :

— Ne restez pas avec lui. C'est un malade.

Petit à petit, le Vieux Garçon remet une distance à peine perceptible entre nous. Je le vois s'éloigner, encore. Lors d'une soirée entre copines où les doutes me taraudent, je feinte tout le monde pour sortir de l'établissement et aller m'asseoir deux rues plus loin, à la façon d'une tragédienne, devant une boutique de robes de mariées. Je sens qu'il me trompe toujours.

Je l'appelle, je le confronte, lui demande où il est, s'il a recommencé. Il me reproche de l'espionner, retourne la situation. Soudain, il décrète qu'une pause entre nous est nécessaire. Il va prendre quelques jours pour décider si notre couple *mérite* que l'on continue. C'est lui qui déconne, mais dans sa version, il devient victime, et choisit seul si notre relation vaut le coup. Le silence radio dure une semaine, pendant laquelle il me laisse sans nouvelles. J'essaie de me préparer à renoncer à cette histoire, sauf que la douleur prend toute la place. Ma playlist ne passe que du Rap mélancolique, je prends de longues douches, figée sous l'eau bouillante à me refaire la scène, celle où j'ai merdé en doutant de lui. Il a réussi son coup : je me sens coupable à sa place. Il me donne l'impression d'être tout ce que je ne suis pas, une mauvaise personne, jalouse et possessive.

Puis arrive mon anniversaire ; pour des raisons que je confesserai dans une autre histoire, ce jour m'emplit de chagrin plus que les autres. Lui le sait. Je tente de l'appeler, mais reçois un texto pour toute réponse :

« Je sais que c'est ton anniversaire mais tu vas devoir gérer ça sans moi. J'ai pas encore digéré ta jalousie et j'ai besoin de temps. »

Je me souviens alors que je suis une Vixen.

« OK. Prends tout le temps qu'il te faut, c'est plus mon problème. J'ai fait trop d'efforts pour toi, tu n'en vaux pas la moitié. »

Assise devant le miroir de ma coiffeuse, face à mon reflet qui fait peur à voir (cheveux ébouriffés, peau grisâtre), je repense à la Vixen que j'ai été, à la femme forte et indépendante que j'aspirais à être, à tout ce que j'ai traversé pour arriver à cet instant, à contempler ma décrépitude. Alors j'applique ma plus volumineuse paire de faux cils et je perfectionne mon teint et mon ombre à paupières pendant des heures.

Comme chaque fois que la tristesse me submerge, comme chaque fois qu'une dose de douceur et un moment de répit me sont nécessaires, j'écris à Mon Dealer, que j'ai laissé de côté depuis que le Vieux Garçon est entré dans ma vie. Il sait que si je lui envoie des signaux de fumée, c'est que j'ai besoin de lui. Il sait que c'est mon anniversaire, il me propose de le rejoindre.

J'arrive dans son nouvel appartement. Mon Dealer collectionne les livres de la Pléiade, sa décoration est chaleureuse, il y a une odeur de lessive et d'huile essentielle de pamplemousse. C'est à l'image du gars qu'il est, propre sur lui, cultivé et de bon goût.

Je le prends dans mes bras et pousse une longue expiration. Il dépose un baiser sur mon front.

— Qu'est-ce qu'il s'est passé, tu veux m'en parler ?

— Tu te souviens quand tu m'as dit que malgré la douleur que ça nous coûte, l'amour c'est ce qu'il y a de plus beau, et que je dois arrêter de me priver d'amour ou de choisir des relations par intérêt ? Bah, j'ai écouté ton conseil. J'ai choisi un mec pour ce qu'il était, pas pour ce qu'il avait, j'ai cru en lui et en nous, et ça a merdé. Je m'en veux d'y avoir cru, j'aurais dû m'écouter. Ma méthode était la bonne, finalement. Quand on n'aime pas l'autre, c'est moins douloureux.

— Tu regrettes ?

— Même pas, je suis triste, c'est tout.

Je lui raconte. Et comme toujours, il est de bon conseil, à l'écoute, ne veut que mon bonheur. Un gentleman que je ne remercierai jamais assez d'avoir été sur mon chemin et d'y être resté si longtemps.

Il s'allonge en posant sa tête sur mes cuisses. En caressant ses cheveux, je prends le temps de photographier son visage dans mon esprit, ce visage que les années n'ont fait que sublimer. Cet homme brille plus que les autres, il est de toute évidence touché par la grâce. Il est environ deux heures quand le bruit d'une notification nous dérange.

C'est un message du Vieux Garçon :

« Mon amour pardonne-moi, je n'aurais pas dû te parler comme ça tout à l'heure. J'espère ne pas t'avoir gâché ton anniversaire. Je voulais te dire que ce n'était pas ta faute, j'ai été lâche, j'ai déconné et j'ai remis la faute sur toi. Je t'aime ma biche, vraiment c'est la première fois que j'ai envie de partager ma vie avec quelqu'un, d'avoir des projets d'avenir et je l'espère des enfants. Je t'aime, je te promets de réparer toute la déception que tu dois avoir. Je m'en veux vraiment. »

Secouée, je ne sais pas quoi en penser. Mon Dealer me questionne :

— C'était ce que tu voulais, non ?

J'avais déjà compris que le choix le plus mature serait de renoncer à ce type qui ne m'apportait que du malheur. Il allait me décevoir, encore, c'était sûr. Sauf que rien n'est si simple. Je pleure dans les bras de mon bel ami, je lui parle de mes sentiments pour le Vieux Garçon, du fait que je ne m'ennuie pas avec lui, pour les gens comme nous c'est une qualité assez rare pour être soulignée.

Vers cinq heures, épuisée après une nuit de retrouvailles et de confessions, je n'ai pas envie de le quitter. Il me propose un de ses tee-shirts pour pyjama. Je lui emprunte sa brosse à dents, puis j'enlève ma robe. Je m'allonge près de lui, je l'embrasse d'un baiser rempli de souvenirs. Il me tient fort contre lui.

— T'es un homme incroyable, à tel point que je n'ai jamais su résister ni à ta beauté ni à ton esprit. J'ai trompé tous les connards de ma vie avec toi parce que tu valais bien mieux qu'eux tous réunis. Cette fois, j'avais juste besoin de te voir et d'être avec toi. En revanche, j'ai pas envie de lui faire ce qu'il m'a fait et je vais essayer de sauver ce qu'il reste à sauver de cette histoire. Je regrette déjà de devoir me contenter de dormir ce soir, car je sais d'avance qu'il ne mérite pas ma loyauté.

— Le mensonge, ça abîme trop, de toute façon. Je suis juste content de te voir moi aussi, et que tu sois restée. Je suis là si tu as besoin de parler. Je suis là, repose-toi un peu.

Je m'endors dans ses bras et nous nous réveillons à quatorze heures, toujours dans les bras l'un de l'autre. Avant de partir, je l'étreins longtemps, car j'ai le pressentiment que je ne le reverrai plus.

Je donne rendez-vous au Vieux Garçon le soir même. Je reste consciente, quelque part, que je perds un peu de moi en croyant aux promesses sortant de la bouche cariée d'un misérable qui a laissé traîner ses slips sales dans chaque arrondissement de la capitale, dans chaque banlieue, dans chaque région de l'Hexagone.

Lorsqu'il me rejoint, il a la même mine délavée et froissée que d'habitude, puant le tabac froid et l'eau de parfum *Miss Dior* que les jeunes filles affectionnent. C'est un virtuose quand il s'agit de susciter de la pitié.

Il commence à se confondre en excuses, je l'interromps immédiatement. Si certains disent que je suis une garce, qu'ils n'oublient pas de préciser que je suis une garce honnête et loyale dans mes infidélités. Je lui dis que nous avons tous deux fait de la merde, que je me suis laissé emporter par la jalousie. Mais que je ne suis pas le genre de femme qu'on peut délaisser et retrouver à la même place tel un élément de décoration. Comme le chantait Barbara : « Je ne suis pas de celles qui meurent de chagrin. Je n'ai pas la vertu des femmes de marins. » Il promet (encore) qu'il ne fuira plus, qu'il veut une existence avec moi. Alors, parce que la sincérité est la base de mon fonctionnement, je lui avoue ne pas avoir dormi chez moi la veille au soir. Qu'il ne s'est rien passé. Il ne m'en veut pas, il est même content que je n'aie pas été seule pour mon anniversaire. Il poursuit ses charades et poèmes, en saltimbanque qu'il est.

— C'est la première fois que j'arrive à m'imaginer vieillir avec une personne. J'imagine qu'on pourrait avoir une petite fille, qui te ressemble. Je serai le plus heureux des hommes.

Tu seras une maman formidable, ma biche. Je veux pas perdre ce que j'ai mis une vie à trouver.

Je lui parle de ce que j'attends du futur père de mon enfant, et de l'homme qu'a été mon père : inconditionnellement présent, n'ayant que redoublé d'amour pour moi les années passant, même quand j'avais tort, m'ayant transmis des valeurs et un bagage intellectuel inestimables.

— Tu penses que j'ai ces qualités ?

— J'espère que tu en as quelques-unes.

L'été a commencé tôt cette année-là, et de la meilleure des façons. Ma vie amoureuse est plus stable, le travail redémarre. Le Vieux Garçon a tenu parole et ne me délaisse plus. Au contraire, il est à l'aise pour me parler de ses craintes en l'avenir, de ses démons intérieurs qu'il combat depuis des années. On vise des apparts, on monte des dossiers, on met nos vies en ordre.

Presque tous les jours, il me parle de l'enfant qu'il espère avoir avec moi, me disant qu'il l'attend impatiemment. Il scénarise à haute voix le moment où je lui annoncerais cette bonne nouvelle, en s'inventant la scène de toutes les manières possibles.

Je l'accompagne sur ses interviews et tournages, chaque fois qu'il en ressent le besoin. Je l'aide à apprendre ses textes, à laver ses vêtements, à préparer ses repas. Je l'aide dans tout aspect de son quotidien, du mieux que je le peux. Je lui donne même ce que je n'ai pas.

Il continue de passer la plupart de ses jours et de ses nuits chez moi, mais refuse toujours de m'inviter chez lui, prétextant que c'est misérable et qu'il a honte. Je sais que c'est une barrière qu'il conserve pour se préserver d'un trop grand investissement. Je me dis qu'il en a bien le droit. Je le sais fragile psychiquement, il ne me l'a jamais complètement caché. De toute façon, il ne le peut pas, les lacunes sont visibles, parfois alarmantes.

Un soir, après une séance de cinéma dans son quartier, notre balade nous amène devant son immeuble, je lui demande de monter. Il rechigne. J'insiste : je ne vais pas faire un gosse avec un mec qui en cache deux autres chez lui. Il cède. La porte de son appartement ne s'ouvre qu'à moitié tant elle est entravée par des dizaines de sacs-poubelle qui encombrent son salon-cuisine. Y trône un clic-clac avec un matelas jauni et une couette en boule sans drap. Sur une table basse Ikea, le seul objet de valeur est un Mac prenant la poussière. Des fringues et de la vaisselle sale s'entremêlent, le frigo de sa kitchenette est condamné tant il déborde de pourriture. Je ne porte aucun jugement sur la situation : je suis davantage préoccupée par ce que l'aspect de son logement reflète de sa sérénité mentale.

Je suis devant la preuve flagrante du bordel présent dans son esprit. Mais je ne prends pas peur.

L'avant-dernier jour de l'été, notre thé à la grande mosquée de Paris est interrompu par une intense crampe d'estomac qui me terrasse. Quand j'arrive chez moi, la douleur ne passe pas. Le lendemain matin, l'hypocondrie ayant gagné du terrain dans mon esprit, je me décide à téléphoner aux urgences : l'opérateur me suggère de faire un test de grossesse. Je n'ai qu'un jour de retard, mais me précipite à la pharmacie pour acheter le test le plus cher en espérant qu'il soit le plus fiable.

Il est midi, le test est positif.

Nous devons partir le surlendemain pour quelques jours de tournage. Je l'ai aidé à répéter son jeu et à retravailler son script pendant des semaines. Il suffit d'un grain de sable dans l'engrenage de sa préparation pour que toute sa machine s'enraye. Je ne veux pas être ce grain responsable de son échec. D'un autre côté, je ne peux pas m'en aller avec lui en gardant cette information pour moi.

Je l'appelle pour le voir, mais il refuse, s'agace, car nous étions convenus que l'avant-veille de notre départ serait consacrée à ses dernières répétitions avec son coach d'acting. Je lui « casse les couilles », il n'a pas envie de me parler. Quand je m'imaginais lui annoncer cette bonne nouvelle, j'envisageais autre chose. Je fonds en larmes après qu'il m'a raccroché au nez.

Il finit par me rappeler vers dix-neuf heures.

— Pourquoi tu pleures ?

— Mais putain, même ça tu me le gâches.

— Comment ça ? T'es enceinte ou quoi ?

— Mais oui, c'est ce que je voulais te dire.

Après l'effet de surprise, il rit, il précise qu'il est tellement heureux qu'il s'allonge par terre pour s'en remettre. Sans trop tarder, il me rejoint. Nous passons une soirée délicieuse à imaginer des choix de prénoms.

Puis, au milieu de la nuit, tout bascule.

CHAPITRE XIV

Lorsque je me réveille à quatre heures, il n'est plus dans le lit, mais sur le canapé, la tête entre les mains, la relevant frénétiquement pour tirer sur sa clope, les yeux rougis.

— Ça va ?

— Reste dans le lit s'te plaît ! J'ai pas envie de te parler, là.

— Il t'arrive quoi ?

— J'ai bien réfléchi là, ça va pas le faire.

— Réfléchi de quoi, quand ? T'as réfléchi en dormant ?

— Arrête, c'est pas le bon moment pour qu'on ait un bébé, c'est mieux qu'on mette ça en stand-by et dans six mois, quand on sera plus stables on relance ce projet.

— Pardon ? Tu fais une crise de panique ou quoi ? Bon, t'es sous le choc de l'annonce, c'est normal, moi aussi j'ai peur. Y a jamais de moment idéal pour bouleverser nos vies.

— NAN, NAN, NAN ! Y A PAS DE CRISE DE PANIQUE OU QUOI ! TU VAS AVORTER JE T'AI DIT ! C'EST LA SEULE OPTION. JE NE CHANGERAI PAS D'AVIS !

— Oooh, baisse d'un ton ! Il t'arrive quoi ? Respire et calme-toi. Tu te rends compte de ce que tu dis ?

Depuis un an, j'ai pris l'habitude de ses humeurs versatiles et de ses colères. Mais c'est à partir de cet instant qu'il commencera à révéler sa nature la plus sombre.

Je ne reconnais ni sa voix ni son visage, j'ai un inconnu devant moi. Chaque mot, chaque cri sont comme des coups de poignard dans le cœur.

— Je suis très sérieux !

— Putain, ça fait un an qu'on est ensemble et tu me demandes d'avorter parce que tu préfères refaire un bébé dans six mois ? Mais tu t'entends putain, tu crois que je suis un distributeur automatique ou quoi ?

— Ma biche, c'est mieux pour nous. Je te promets que je le veux ce bébé, mais pas maintenant.

— Pour un mec qui ne voulait pas un enfant maintenant, tu t'es quand même donné beaucoup de mal pour m'engrosser. Prends le temps qu'il te faut pour encaisser les changements que ça implique, mais « ce bébé pour dans six mois » il est déjà là.

— Justement, je suis responsable et je veux que tu avortes. Tu n'as pas d'autre choix.

La première journée de ma vie de maman commence comme ça, dans le grondement de ses cris, interrompu par ses larmes de rage et par mes sanglots, je suis complètement abasourdie par sa réaction.

Il claque la porte et s'en va à son tournage.

S'il m'a déjà laissée entrevoir des excès de colère, ce n'est rien face aux semaines qui vont suivre, face à ce qui m'attend.

Il rentre à Paris moins d'une semaine plus tard sans me faire signe. Je lui accorde un temps de répit, puis finis par l'appeler. Je comprends tout de suite qu'il n'a pas changé d'avis. J'insiste pour venir lui parler en face à face. Quand j'arrive en bas de chez lui, il met dix minutes à descendre et nous allons à la terrasse d'un kebab au bout de sa rue.

— Donc je suis toute seule dans cette relation, une fois encore tu te défiles et joues à la victime, le mec malchanceux. C'est toujours la faute des autres, hein.

— Bien sûr que c'est ta faute, si tu n'avais pas été si conne, putain. Je suis pas un bâtard, mais toi tu penses qu'à ta gueule. C'est pour nous que je dis ça. Je ne veux pas que tu gâches ta vie non plus, ton avenir est prometteur et tu ne pourras jamais tenir tes objectifs, sortir ton livre avec un bébé dans les pattes. C'est parce que je t'aime que je reste assez lucide : tu dois avorter si tu veux sauver notre couple. Si tu ne veux pas perdre le père de tes futurs enfants.

— C'est un ultimatum ?

— C'est pas du chantage ou quoi. Je te parle sérieusement là, tu ne me laisses pas le choix, si tu le gardes, c'est fini entre nous. Je ne veux plus de cet enfant.

Ce n'est pas un ultimatum, mais c'en est un quand même… Je décide d'apaiser les choses. Je lui accorde que Françoise Dolto a raison sur le fait qu'un bébé naît du désir de deux personnes, et que je me dois de ne pas seulement écouter mon souhait de le garder. J'accepte de réfléchir à ce qu'il ressent, s'il fait de même. Mais je sais déjà au plus profond de moi que je ne me remettrais pas de perdre ce bébé.

Il part sans un au revoir.

Les jours qui suivent sont autant de coups de fil à subir ses éructations, même le soir où je suis à l'hôpital avec mon père, qui a subi une lourde intervention cardiaque après une rupture d'anévrisme.

Lorsque je lui annonce que je vais consulter ma gynécologue (celle chez qui, il y a quelques mois à peine, il voulait se rendre pour quémander un spermogramme, se disant inquiet que je ne sois toujours pas enceinte au bout d'un an), il me persuade de le laisser m'accompagner.

Avec naïveté, j'y vois du positif : échanger avec lui dans un lieu neutre et devant une professionnelle. Mais rien ne l'arrête.

— Docteure, dites-lui que c'est bénin comme intervention.

— Monsieur, ça n'est pas bénin, encore moins quand la patiente n'est pas consentante. Merci de ne pas parler à sa place.

— Nan, mais, ce que je veux dire, ce que j'aimerais faire comprendre à ma compagne, c'est que, contrairement à la peur qu'elle a nourrie par son imaginaire, l'intervention est sans séquelles et bénigne.

— Absolument pas, lorsqu'une interruption de grossesse est menée contre la volonté de la patiente, les séquelles psychologiques demeurent irrémédiables. C'est ce qu'elle tente de vous expliquer, le choix d'interrompre une grossesse doit partir de celle qui la porte. Vous avez le droit de ne plus vouloir vous impliquer, mais certainement pas de décider à la place de ma patiente. Sachez également que les séquelles physiques ne sont pas à exclure, même si, effectivement, de nos jours nos médecins sont très méticuleux et bien mieux formés. Selon la datation de votre échographie, si vous prenez cette décision, vous devrez le faire sous anesthésie générale. Ce sera une IVG instrumentale et après l'intervention, il y aura des saignements pendant deux à trois semaines. Donc non, monsieur, ce n'est pas un acte si anodin que vous le sous-entendez et votre compagne a besoin de votre compréhension à défaut de votre soutien.

Il se lève et claque la porte.

— Ça fait longtemps que vous exercez ? Vous avez déjà vu ce genre de situation chez vos patients ?

— Une quinzaine d'années, et oui, plus souvent que vous le pensez. J'ai vu beaucoup d'hommes comme lui dans mon cabinet, et les femmes s'en sortent toujours.

— Elles ont décidé quoi en général, ces femmes ?

— La plupart du temps, elles ont fini par choisir leur enfant.

— Et eux ?

— Certains hommes restent et se découvrent être des pères formidables, d'autres s'avèrent être des pères minables. Et enfin, d'autres partent.

— Dans notre cas, vous pensez qu'il restera ou qu'il changera d'avis ? Que disent vos quinze années d'expérience et votre instinct de femme ?

— Que celui-là ne changera pas d'avis. Et que ses réactions sont imprévisibles : n'attendez pas que les choses empirent et protégez-vous.

Il reste silencieux tout le long du chemin retour. Arrivé à mon appartement, il se met à pleurer comme s'il portait la misère du monde sur ses épaules.

— Putain, j'ai réfléchi, j'ai pris le temps, mais je ne change pas d'avis. Tu vas avorter, fais-toi une raison. J'en ai rien à foutre des conneries que m'a racontées ta gynéco, c'est une gonzesse, elle est forcément de ton côté, ce n'est pas objectif comme avis.

— Mais merde, quoi ! Même mon médecin tu as réussi à la choquer. Comprends que je le sens dans mon corps, comprends que j'aime déjà notre bébé.

— T'es folle ou quoi ? Ce n'est pas encore un bébé, arrête de personnifier ce fœtus. C'est impossible que tu sentes des changements, ou je sais pas quoi dans ton corps, t'es dans le fantasme. Tu sais, ma thérapeute, ça fait cinq ans que je la vois, elle est vraiment géniale. Je vais lui expliquer l'urgence de notre situation. Elle acceptera peut-être de faire une entorse à sa déontologie et de te prendre comme patiente. Tu es très instable émotionnellement ma biche, surtout en ce moment, avec la grossesse, ton père malade, le boulot et nos disputes. Je t'ai promis de ne pas te lâcher, alors je veux t'aider et je sais que tu en as besoin. Fais ça pour nous.

Ce n'est pas la première fois qu'il m'impute une instabilité mentale. Mais j'accepte d'aller la voir, à la fois à la recherche de n'importe quel outil pour qu'on se comprenne, à la fois pour le calmer.

— Il faut que tu comprennes que tu ne peux pas faire un enfant n'importe comment, avec un homme qui ne le veut pas. Tu serais égoïste au point de mentir à ton enfant ? Tu vas le priver d'un père, lui raconter des mensonges ?

— Pardon ? Mais c'est quoi cette histoire encore ? Je te rappelle que ce bébé tu l'as désiré depuis un an. Je ne m'imagine pas une seule seconde devoir éduquer et choyer notre enfant toute seule. Dans l'hypothèse où tu ne serais plus là, je dirai la vérité. Que son père a changé d'avis, qu'il n'était pas prêt, qu'il est parti et qu'il en a le droit. Je dirai à mon bébé que nous l'avons rêvé et attendu et qu'il est né d'une histoire d'amour.

Devant cette vérité absolue, il se lève brutalement et se met à vociférer un lot d'insultes et de menaces.

— NON, JE REFUSE ! T'ES UNE SALOPE MANIPULATRICE, UNE PUTE ÉGOÏSTE QUI PENSE QU'À SA GUEULE ! TU ME DÉGOÛTES PUTAIN !

Il attrape le parapluie de l'entrée avant de le jeter sur moi.

Puis, encore une fois, il part. Me laissant esseulée avec ma sidération, dans le champ de bataille qu'est devenu mon appartement.

Quand on se retrouve quelques jours après, alors que nous décollons pour un tournage dans le sud de l'Espagne, le Vieux Garçon est soudain de nouveau doux et empli d'attention. Ses va-et-vient me font tellement tourner la tête que je ne sais plus où je suis. J'accueille surtout le calme après l'orage. Un calme qui ne dure pas plus que le temps qu'il faut pour traverser une frontière...

En arrivant à l'aéroport, alors que nous attendons le taxi affrété par la production, un acteur nous rejoint. Une conversation de courtoisie s'engage autour d'une pause clope.

— Vous tournez deux jours vous aussi ?

— Oui c'est ça, tu tournes aussi ? me demande le mec.

— Non, je suis sa copine.

— On attend un bébé, ajoute le Vieux Garçon.

— Ah ! Félicitations, j'ai deux grands enfants, tu sais.

— Tu fais jeune, ils ont quel âge ?

— Le grand a dix-neuf ans et la petite sept, je me suis remarié.

— De toute façon, elle va avorter, on va pas le garder.

Cette parole est d'autant plus brutale que la situation est surréaliste. Je ne me suis jamais sentie aussi mal à l'aise de ma vie. Même l'acteur n'arrive pas à cacher sa sidération.

Et ça recommence. Le séjour est surplombé par les crises de colère et de larmes que Monsieur me fait dans le huis clos de notre chambre, pour donner l'illusion d'un homme prévenant dans les parties communes.

À notre retour, nous allons voir la médiatrice conjugale sur recommandation de ma gynécologue. Je ne sais pas dans quel état je vais retrouver le Vieux Garçon après notre désastreux séjour. Quand il me rejoint le temps d'un jus d'orange à la cafétéria de l'hôpital, il revêt de nouveau son costume de comédien. Nous rions un long moment, comme si notre complicité était sortie indemne de toutes les horreurs que sa bouche avait crachées. Mon esprit n'est plus qu'une épave dans l'abysse de sa folie.

Ce jour-là, la médiatrice est davantage préoccupée par son thé un peu trop infusé, et par son fils au téléphone qui a besoin du mot de passe de la box Internet, que par notre entrevue.

— Vous êtes à plus de dix semaines de grossesse, je vais vous proposer une date pour la semaine prochaine, vous pouvez aller voir l'anesthésiste cet après-midi. Ça vous va ?

— C'est parfait, répond le Vieux Garçon.

— À vrai dire, nous ne sommes pas venus pour ça, on a du mal à communiquer et je ne souhaite pas avorter.

— Putain tu parles comme une gamine, ça me rend fou, vous entendez ça, on a décidé que tu avorterais. C'est fini, j'ai supporté ça trop longtemps, je me casse.

Il sort du bureau en laissant la porte grande ouverte.

La Brigitte semble éberluée, mais décide de ne pas intervenir. Moi, je suis en larmes comme une pauvre fille.

— Bon, madame, j'ai un autre rendez-vous après vous, donc allez chercher monsieur s'il vous plaît, qu'on en termine.

Je vomis dans la poubelle à papiers de son bureau.

— Mais vous êtes sans cœur, c'est pas possible ! Vous n'êtes pas supposée avoir des qualités humaines pour faire ce métier d'aider les femmes dans l'une des épreuves les plus compliquées de leur vie ?

— Madame, si vous choisissiez mieux vos mots, peut-être que monsieur pourrait mieux vous écouter. Il n'est pas le seul en tort dans cette situation. Vous prenez ce rendez-vous ?

Je sors. Sur la terrasse de l'hôpital, je le retrouve fou de rage. Pour la première fois, il menace de me frapper, devant les autres visiteurs ahuris de le voir en pleine crise de démence.

— T'es la pire personne que j'ai rencontrée. Je te laisserai pas gâcher ma vie, y aura des conséquences si tu décides de garder cet enfant. Je veux plus jamais entendre parler de toi ; tu peux crever j'en ai rien à foutre !

Nous quittons l'hôpital avec, en poche, un rendez-vous quatre jours plus tard pour avorter. J'ai maintenu que je désirais garder notre enfant, mais ça n'a pas empêché La Brigitte d'aller dans le sens du Vieux Garçon en confirmant ce rendez-vous.

Une fois dans la rue, à peine l'entrée de l'établissement franchie, il s'effondre, pose un genou par terre, sanglote en me demandant pardon. Il impute les mots qu'il vient d'aboyer à la colère. Ses larmes sont si diluviennes que je suis à deux doigts de devoir le consoler. Puis il m'abandonne de nouveau et s'engouffre dans un taxi.

Dans un dernier geste désespéré, ou parce que l'emprise est telle que je ne sais plus où est la sortie, je finis par céder et j'accepte de rencontrer sa psy. Je lui livre le récit de notre relation, les bons moments, les crises de colère, les menaces, les insultes, les mensonges, les quelques antidépresseurs, anxiolytiques et sédatifs que je retrouve dans les poches de ses pantalons en faisant sa lessive. Et je lui avoue à quel point je m'en veux, ayant le sentiment délirant que nous en sommes arrivés là par ma faute.

— Il a confirmé l'avortement pour après-demain. Il espère que cette séance finira par me convaincre.

— Ce n'est pas mon rôle de vous convaincre, dans un sens comme dans l'autre. Il est clair que vous aimez votre enfant et que vous n'envisagez pas d'interrompre votre grossesse. Qu'attendez-vous ?

Ça sort de moi, sans que je l'aie vu venir. Une vérité qui éclate.

— Je lui ai fait part de ma décision, il semble déterminé à ne pas m'entendre. Son comportement me pétrifie de plus en plus. Il commence à me faire peur, je dois protéger mon enfant, je veux me séparer de lui. Il n'y a plus rien à sauver entre nous.

— Vous avez peur de lui dire ?

— Je ne sais pas comment m'y prendre. J'ai l'impression que tout s'est terminé entre nous le jour où je lui ai annoncé ma grossesse. J'aime mon enfant, et me demander de le sacrifier pour faire plaisir à un homme, c'est une ignominie. Et me faire porter la responsabilité et la culpabilité parce qu'il n'est qu'un lâche... C'est indigne d'avoir si peu d'honneur et de courage.

Elle prend un temps, me regarde dans les yeux.

— Les objets se brisent, mais pas les gens. Vous êtes plus forte que vous ne le croyez. Votre compagnon à un trouble dissociatif de la réalité. Ce qui explique sa fuite et son irrationalité lorsqu'il se retrouve confronté au réel et qu'il perd prise dessus. S'il refuse de vous entendre, écrivez-lui une lettre exprimant clairement votre décision et vos ressentis. N'ayez pas peur, vous n'avez plus d'autre choix.

Après cette séance, je décide de suivre les conseils de sa psy et rédige une longue lettre de trois pages recto verso dans l'intention de la lui remettre. J'ai subi son emprise, ses menaces et ses insultes trop longtemps, il faut que cela cesse pour ma survie. Il n'est plus l'amoureux et le futur bon père qu'il s'est donné tant de mal pour incarner, il m'a révélé son vrai visage : un homme égoïste, avide de lumière, malade. Grâce à l'aveu de la thérapeute, je comprends réellement l'étendue de sa psychopathie.

Moi, je ne suis plus la femme sensuelle et puissante qu'il a rencontrée ni la gamine effrayée et abîmée qu'il a découverte en m'enlevant mes bas résille. Je me suis souvenue de qui j'étais. Une femme forte. Et j'ai pris conscience de qui je suis devenue : une mère qui aime son bébé et qui a le devoir de le protéger de la folie d'un type que je ne connais plus.

Je suis seule et enceinte de quatre mois quand il m'accorde de le voir après une nouvelle absence. Je me présente à son immeuble, car il ne daigne même pas faire le déplacement. Comme d'habitude, je l'attends de longues minutes. Il finit par descendre et nous nous rendons à un café.

Je commande un thé, lui une orange pressée, que ni lui ni moi n'aurons le temps de consommer.

— Tu vas faire quoi ?

— Comment ça, je vais faire quoi ? Je suis enceinte de quatre mois, là. Tu as disparu sans donner de nouvelles, tu n'as rien à me dire ?

— Tu vas arrêter de jouer avec moi petite conne, tu me l'as bien mise, hein. T'es contente ? T'es fière de toi ?

— J'ai toujours été très claire sur ce que je ressentais…

— J'en ai rien à foutre de ce que tu ressens ou de comment tu vas. C'est fini, je veux plus jamais entendre parler de toi.

— Évidemment que c'est fini. La psy que tu voulais que je consulte m'a dit de t'écrire une lettre, je t'ai tout expliqué dedans, prends-la.

Il se lève en renversant la table et les boissons.

— Va bien te faire foutre avec ta lettre, j'espère que tu crèveras, c'est tout ce que tu mérites !

Il quitte le bar précipitamment pour s'engouffrer dans une étroite ruelle. Dans la panique, je le suis, espérant tirer de lui quelques mots raisonnés.

— T'es une garce comme j'ai jamais connu. Je veux t'entendre me le dire, dis-moi ce que tu vas faire de cet enfant !

Il m'agrippe avec force par les épaules et commence à me secouer d'avant en arrière telle une poupée de chiffon. Je le supplie de me laisser, je tente de me défaire de lui. Je crie en espérant qu'un passant intervienne, lui continue à me hurler à l'oreille.

— Petite pute, dis-moi. Je veux que tu me dises. Arrête de me mentir.

— Oui ! Oui ! Je te l'ai dit déjà ! Je vais garder notre béb...

Sans me lâcher, il tend les bras pour prendre de l'élan et me crache un glaire au visage.

Avant même que je puisse réaliser ce qu'il vient de faire, il me pousse à terre contre le palier d'une porte. Je tombe sur le dos. Mon premier réflexe est de protéger mon ventre avant de tenter de me rattraper. Lui, comme un lâche, s'enfuit et remonte la ruelle en courant.

Je vomis, sous le choc des émotions et de l'étourdissement. Je suis terrorisée et abattue devant la violence de sa réaction, qui dépasse mes pires angoisses. Je presse le pas pour le rattraper et le supplie de m'écouter. Pas pour moi, mais pour lui donner la lettre, car jusqu'au bout je me devais de ne pas rompre le dialogue, pour mon enfant. Je le retrouve dans son immeuble.

— Je t'en prie, si c'est la dernière fois qu'on se parle, sache que je respecte ton choix de ne plus vouloir être père. Tu peux ne pas le reconnaître, faire ta vie. Je ne te demande qu'une chose pour notre enfant, s'il te plaît. Ne rompons pas les liens, j'aimerais pouvoir t'informer au moins le jour où j'accoucherai.

— Il y a plus de lien. C'est plus mon problème. Je veux plus jamais entendre parler de toi. J'en ai rien à foutre de ton accouchement ou de comment toi et ce bébé allez vous en sortir. T'as pas intérêt d'essayer de parler à ma mère, ma famille ou mes amis, sinon tu le regretteras. Casse-toi de là ou ça va mal finir !

Il m'arrache la lettre que je lui tends, la froisse en boule et la jette. Ce jour-là, ses mots et ses gestes ont franchi la ligne rouge, le point de non-retour. Heureusement, une voisine interrompt la scène. Lui se carapate aussitôt dans son trou à rat. Et c'est ainsi que notre histoire d'amour s'est achevée. Dans la violence et les cris.

C'est la dernière fois que je le vois.

Je rentre chez moi, me cloisonner et m'effondrer. Dans la nuit, il m'envoie un dernier message, le plus long qu'il m'ait jamais écrit. Il a pris sa plus belle plume pour s'affanchir de toute responsabilité, en prenant soin de m'accuser des torts dont il est lui-même coupable. C'est comme ça qu'il procède avec son entourage. C'est la faute de ses amis s'il a foiré sa carrière, la faute de son père s'il est minable, la faute des femmes s'il est devenu un salopard. C'est ma faute s'il est devenu un homme violent. Il poursuit son récit en prophétisant ma déchéance sociale et ma ruine professionnelle. Il me fait la promesse qu'il refera sa vie et qu'il refera un bébé avec une autre pour se laver publiquement du déshonneur, si je venais à révéler cette histoire ou son nom. Il dira qu'il n'était au courant de rien me concernant que je n'étais qu'une pute de clip ou que sais-je encore.

Je n'ai jamais répondu à ce message. J'ai respecté sa volonté et gardé le silence.

Presque un an après, sans jamais qu'il le sache, un de ses proches m'appelle pour connaître la vérité. Je lui raconte ce qu'il s'est passé, tout en lui demandant de ne rien partager avec lui, de ne pas le confronter et d'accepter sa fuite. Je ne veux surtout pas prendre le risque qu'un homme aussi instable tente de nous approcher, mon enfant et moi. Je remercie cette personne d'avoir tenu sa promesse. J'aurais pu, en toute légitimité, foutre le bordel, mais j'ai choisi de conserver la paix qui allait avec mon silence. Je n'ai jamais cherché à lui nuire : pas pour l'épargner lui, mais pour assurer la vie privée de mon enfant.

*

J'avais espéré des conditions plus favorables pour le début de l'existence de mon bébé, avec deux parents qui l'aiment et qui le protègent. Alors, tous les soirs, j'ai posé une main sur mon ventre :

« Pardonne-moi, mon bébé, tu mérites tellement mieux. Bientôt tu arriveras et tu n'auras que moi pour t'accueillir. Pardonne-moi de t'avoir privé de la moitié de l'amour que tu mérites, pardonne-moi de n'avoir que mes rêves à t'offrir. Je te promets qu'on va s'en sortir. Toi, ma petite étoile, promets-moi d'être en bonne santé et de t'accrocher.

Tu es le souffle de vie qui m'aide à survivre. Je t'aime depuis toujours. »

Aujourd'hui encore, ici même, ce n'est pas à *lui* que je m'adresse, je n'ai plus rien à lui dire. C'est à mon enfant qui, entre-temps, est arrivé parmi nous. Un petit bout de paix dans cette grande guerre qu'est la vie.

Mon étoile,

Pour te protéger, j'ai dû me faire discrète sur ma grossesse, afin de préserver ton droit à connaître tes origines. Pour qu'un jour, tu puisses, si tu le souhaites, rencontrer ton géniteur. Pour préserver un temps son image et que tu n'aies pas honte d'avoir son sang. Les liens du sang sont sans valeur il n'y a que l'amour pour unir une famille. Garder le silence a été sûrement l'épreuve la plus difficile à traverser. C'est le genre de rature qu'on ne peut gommer de l'histoire. Mais tu es le plus beau de mes secrets. Je ne regrette aucun des choix qui a mené à ton existence. Aujourd'hui, tu mérites la vérité. Tu es l'essence de ce que lui et moi avons de meilleur en nous, comme si Dieu nous avait bénis de son plus beau chef-d'œuvre. Mais tu es née de l'amour et de la passion : de l'amour que nous avons eu l'un pour l'autre et de la passion commune qui a fait que nos chemins se sont croisés. Tu es née de ma plus belle histoire d'amour, celle que j'ai depuis onze ans avec le Rap.

J'ai pensé que le meilleur exemple à te donner est celui d'une mère, d'une femme, qui ne s'est jamais laissée noyer complètement, emportée qu'elle était pourtant par les flots de violence. Être une femme s'accompagne d'un lot de souffrances à charrier. Et aucun homme, aucun père, aucune sœur, aucune mère ne peut nous en protéger complètement. Mais je tenterai de porter tes doutes et tes craintes, car tu n'en auras pas besoin pour transformer tes rêves en souvenirs.

Aujourd'hui, l'étoile la plus brillante de l'univers a un an et demi. Chacun de ses éclats de rire vaut un millier de guerres. Les océans de larmes que mes yeux ont remplis, le sang de ma chair qui a coulé, et toutes les douleurs qui ont noirci mon cœur sont bien dérisoires comparés à un seul de tes sourires.

Un jour, tu comprendras que commencer ainsi dans la vie n'est pas forcément un fardeau. C'est dans la nuit que naît une étoile.

Ta maman n'a qu'une consigne à te donner : soit toujours libre et remplie d'amour.

Nmout 3lik.

OUTRO

Soraya Rhazel

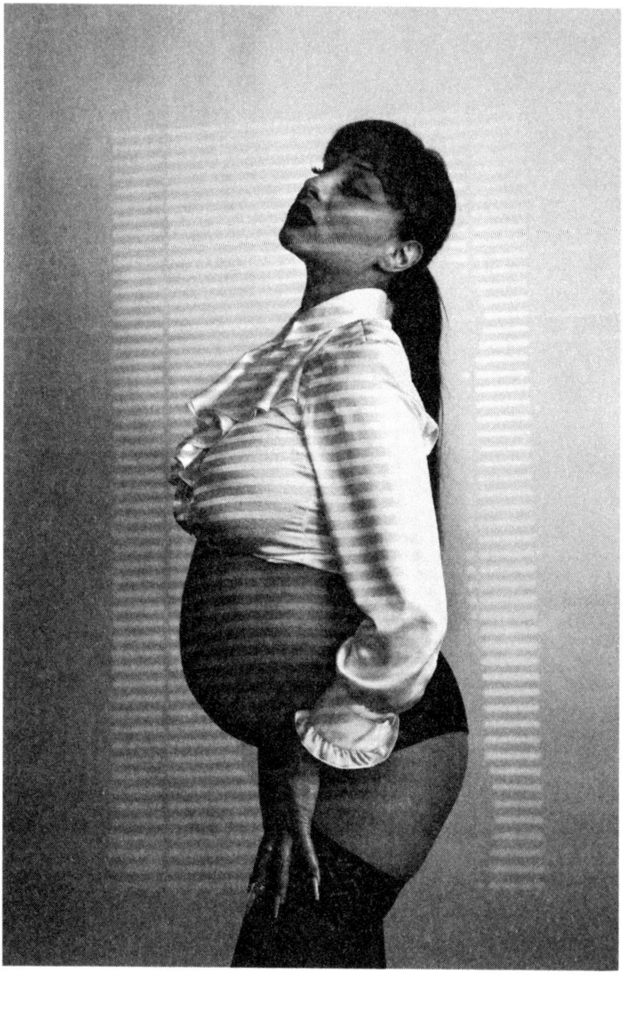

Je vous prie de bien vouloir m'excuser. Je ne me suis pas présentée. Mon prénom est Soraya. Rhazel est le personnage que je me suis créé. Les deux facettes indispensables à ma survie.

Mon prénom m'a été donné par mon père. Son étymologie vient du perse et il signifie « beauté des étoiles ». Lui dira à qui veut l'entendre que ce sont les anges qui le lui ont soufflé le jour imprévu de ma naissance. Dans les yeux de mes parents, je suis une étoile tombée du ciel et venue illuminer des années où l'espoir se mourrait. Comment aurais-je pu rater ma vie alors que je porte les rêves de ceux qui ont choisi de m'aimer ?

Soraya était une fille seule, triste, étrangère. Alors j'ai dû convoquer Rhazel, bien avant que je sache lire et écrire. C'est ainsi que j'ai appelé ma plus jolie poupée, l'héroïne des histoires que je me racontais ou que j'écrivais. Le prénom que je m'inventais lors de mes premiers shootings.

Rhazel est tout ce que je ne suis pas. Sûre d'elle, audacieuse, courageuse. Rhazel ne s'excuse pas, prend de la place, n'attend pas qu'on lui donne la parole pour s'en emparer. Rhazel ne craint ni bataille ni ennemi, quand Soraya a plutôt envie de s'effacer. Rhazel est le masque que j'utilise pour me donner du courage, elle apparaît dès que je sors mon gloss et mes gants en dentelle. Dès que mes mains commencent à trembler et que je dois me ressaisir. Et même aujourd'hui, loin des caméras, quand je négocie avec un directeur de label, un producteur ou un artiste, je laisse Rhazel mener les négociations.

J'ai perdu de vue Soraya à force d'incarner mon personnage. J'ai abandonné cette gamine faiblarde au bord du long chemin semé de ronces qu'il me restait encore à faire. Le passé était un boulet trop lourd à ma cheville qui m'empêchait d'avancer. Cette banlieusarde se rêvait avocate pour aider les femmes victimes de violences, aspirait à un gentil mari et à une existence stable. Malheureusement, je n'étais pas née du bon côté du périphérique, pas du bon côté de la Méditerranée non plus. Rhazel était plus solide face à la réalité. Elle s'est imposée, et ce n'est qu'en 2023 que Soraya s'est réveillée de sa petite mort.

Beaucoup de femmes de l'industrie se camouflent sous de larges doudounes ou joggings. Pour ne pas encourager les compliments déplacés qu'elles essuient déjà au quotidien, pour ne pas attirer l'attention sur elle au détriment de leur travail, pour ne pas qu'on les discrédite. J'ai fait le choix inverse. J'ai commencé Vixen, donc en dessous du dernier barreau de l'échelle. De nombreux acteurs du milieu avec qui j'ai travaillé m'ont vivement recommandé de m'affranchir complètement de cette image, de faire oublier le début de mon parcours, voire de m'en excuser. De me concentrer sur ma carrière de productrice, d'arrêter de représenter mes filles. Et de m'éloigner le plus possible des Vixens.

J'ai fait tout l'inverse. J'ai donné ma vie au Rap et surtout à ses égéries oubliées. J'ai multiplié les dentelles sur mes gants, les centimètres de mes talons et les strass sur mes résilles. Je suis Soraya Rhazel, une Vixen qui négocie en Manolo Blahnik, car les femmes auront toujours plus de couilles que les rats du *Rap game*.

Si je fais le bilan de ma clipographie : en onze ans d'activité, le solde est à un millier de tournages. Environ cinq cents dans le rôle de la Vixen et autant dans les coulisses. Le passage de devant à derrière la caméra est plus simple à raconter qu'à réaliser. Il a demandé un cheminement tortueux, passant de Vixen, maquilleuse, régisseuse, directrice de casting, assistante réal, assistante de production, chargée de production, cheffe de projet, PR manager[1], agente artistique à, enfin, directrice de production. Jamais aucun label, aucun producteur, aucun artiste ne m'a fait cadeau de sa confiance. Je n'ai pas attendu qu'on me cède une place, je me suis fabriqué la mienne. Et si ma *Vixenerie* est mon arme la plus précieuse, c'est aussi paradoxalement la plus contraignante, une pénalité dans l'exercice de ma profession. Dans l'industrie, comme partout, une femme devra faire le double pour mériter la même chose qu'un homme. Une femme non blanche devra faire le triple. Une femme non blanche issue d'au-delà des murs du périphérique parisien devra faire le centuple.

1. Également appelé « relations presse ».

C'est grâce à moi que je suis arrivée ici. Mais c'est grâce à *elles si j'ai continué.*

On a fini par dire des Vixens qu'elles étaient « mes filles ». Ce qui est sûr, c'est que je les aime d'un sentiment quasi maternel. C'est dans ma nature : savoir que leurs âmes sont plus rayonnantes que leurs apparats, répondre au téléphone quelle que soit l'heure de la nuit pour consoler un chagrin d'amour, réconcilier celles qui se disputent, m'assurer qu'elles ont bien mangé, qu'elles ne boivent pas, qu'elles rentrent chez elles en sécurité, être présente quand quelque chose de terrible survient. Les prendre dans mes bras, les aider à se coiffer, à rédiger une lettre de motivation, à arrondir leurs fins de mois de mère célibataire ou d'étudiante. Mais tout cela n'est rien comparé à ce que les égéries oubliées du Rap m'ont apporté. Leur confiance est ma plus belle récompense. Pendant des années, elles m'ont suivie dans mon utopie, elles ont essuyé silencieusement les dysfonctionnements de notre milieu pour que le Rap puisse devenir ce qu'il est aujourd'hui. Le genre musical le plus vendu en France. Les Vixens ont fait la productrice que je suis désormais, elles m'ont amenée sur les scènes de La Cigale, du Bataclan, de L'Olympia, du Zénith, de Bercy…

Et enfin, il y a celles qui sont devenues mes amies. Mon infirmité de départ était d'être fille unique : le Rap m'a apporté des sœurs. De vraies sœurs avec qui je pourrai me remémorer des souvenirs de jeunesse lorsque nos cheveux seront blancs, que nos seins seront tombés et que notre rouge à lèvres aura filé dans le pli de nos rides. Alexiane, Oceane, Talia, Margaux, Marie, Oriana, Coumbis et toutes celles avec qui notre histoire s'est écrite. C'est par la musique

que nos chemins se sont croisés et que nos existences se sont liées, que des projets sont nés, que des vies ont été sauvées, que des enfants se sont élevés. C'est ce que le Rap, au travers « des averses de bonheurs, des cyclones de douleur », m'a apporté de plus inestimable.

Au cas où certaines viendraient à douter de ce qu'elles sont capables de réaliser : écrivez votre scénario, soyez impétueuses, faites-vous votre place, car personne ne vous en donnera une. Et que la haine de ceux que vos ambitions effraient soit le carburant de vos accomplissements. Il faut parfois un millier d'échecs pour une seule victoire. Et souvent, tout part d'un rêve. Ce sont nos choix, aussi risqués, stupides, improvisés soient-ils, qui nous rapprochent de ce rêve cent fois esquissé.

Être libre comme un homme.

Être libre comme une vixen.

REMERCIEMENTS

À ma famille, Khadidja, Nadir, Sabria, Dahman, pour leurs sacrifices et leur amour inconditionnel. Ils sont le socle qui me porte à la hauteur de mes rêves.

À mon amie, Margaux Nguyen Ngoc Minh, qui fut l'une des premières à voir un livre dans les esquisses de quelques chapitres.

À mon agente, Ariane Geffard, qui sait que les meilleurs deals se signent après trois heures du matin.

À Dorothée Cuneo, directrice des Éditions Denoël, pour son amitié, ses encouragements et plus encore.

À mon éditrice, Talya Chaumont, qui a porté mes doutes et mes peurs pendant de longs mois, une alliée précieuse dans la solitude qu'impose l'écriture.

À Barbara Tajan, qui a été un rayon de soleil dans les nuits blanches de travail.

À Tania Fouquet, pour son énergie positive et son soutien.

À mes sœurs, Clarence Edgard-Rosa, Marion Aubert, Anaelle Varlet, Océane P, Hanane Kov, Marie Da Silva, Oriana Convelbo, Fatima Aït Bounoua, Rokhaya Diallo, Coumbis Hope Lowie, Alexiane et Talia.

Je crains que mille mercis ne suffisent pas à vous rendre la moitié de ce que vous m'avez donné.

Si vous avez été témoin ou victime de violences dans le milieu du Rap, nous récoltons vos témoignages. Vous serez lu(e), vous serez cru(e).

Nous vous garantissons une totale confidentialité. Envoyez-nous un courrier :

Projet Vixen/Éditions Denoël
33, rue Saint-André-des-Arts
75006 Paris

Votre parole a de l'importance.

Numéros d'écoute :

39 19	Violences faites aux femmes et minorités de genre.
0 800 05 95 95	SOS Viols.
116 006	Numéro national d'aide aux victimes.

Liste d'associations spécialisées dans les violences faites aux femmes : http://www.solidaritefemmes.org/nous-trouver.

En cas d'urgence, appelez immédiatement le 17 ou le 112.

CRÉDITS IMAGES

Page 12 *Nina*
Photographie et édité par Alexiane & Talia @cestpasunfilm_
Tournage du clip « A$AP » de Gazo
Archives 2021

Page 22 *Soraya*
Photographie par Ludivine Claisse
Édité par Alexiane & Talia @cestpasunfilm_
Archive 2011

Page 34 *Soraya*
Photographie par Hout Kov
Édité par Alexiane & Talia @cestpasunfilm_
Archive 2019

Page 50 *Soraya*
Photographie par Hout Kov
Édité par Alexiane & Talia @cestpasunfilm_
Archive 2021

Page 60 *Soraya*
Photographie par Perlito Celano
Édité par Alexiane & Talia @cestpasunfilm_
Archive 2021

Page 72 *Vald, Soraya*
Photographié par Camulo James
Édité par Alexiane & Talia @cestpasunfilm_
Tournage du clip « Megadose » de Vald
Archive 2016

Page 90 *Jok'Air, Chich, Fatim, Seiko, Laura, Laura, Soraya*
Photographié et édité par Alexiane & Talia @cestpasunfilm_
Tournage du clip 4-5 de Jok'Air ft. Chich & R.O.C GANG
Archive 2019

Page 102 *Laura, Océane*
Photographié et édité par Alexiane & Talia @cestpasunfilm_
Tournage du clip A$AP de Gazo
Archive 2021

Page 120 *Océane, Seiko, Soraya*
Photographié et édité par Alexiane & Talia @cestpasunfilm_
Shooting pour la couverture du livre *Vixen : Les Égéries oubliées du rap*
Archive 2024

Page 135 *Seiko, Gorggia, Jolyne, Soraya*
Photographié et édité par Alexiane & Talia @cestpasunfilm_
Shooting pour la couverture du livre *Vixen : Les Égéries oubliées du rap*
Archive 2024

Page 152 *Cheu-B, Soraya*
Photographié et édité par Alexiane & Talia @cestpasunfilm_
Tournage du clip « Daddy » de Cheu B
Archive 2018

Page 168 *Kaaris, Leila*
Photographié et édité par Alexiane & Talia @cestpasunfilm_
Bercy Accor Arena / Performance « Or Noir. Les 10 ans »
Archive 2024

Page 184 *Seiko*
Photographié et édité par Alexiane & Talia @cestpasunfilm_
Tournage du clip « La Parisienne » de Kpoint
Archive 2020

Page 196 *Soraya*

Photographié et édité par Alexiane & Talia @cestpasunfilm_
Tournage de la couverture du livre *Vixen : Les Égéries Oubliées Du Rap*
Archive 2024

Page 216 *Soraya*

Photographié et édité par Alexiane & Talia @cestpasunfilm_
Tournage du clip A$AP de Gazo
Archive 2021

Page 236 *Soraya et demi*

Photographie par Hout Kov
Édité par Alexiane & Talia @cestpasunfilm_
Archive 2023

Couverture *Seiko Phoenix, Océane P., Gorggia, Jolyne*

La couverture a été produite par Soraya Rhazel pour les Éditions Denoël.
Dirigée artistiquement, photographiée et éditée par
Alexiane & Talia @cestpasunfilm_

Avec la contribution de Hout Kov, Bishop Naast, Elie Zinsou, Joanna Atik, Muratt Atik, Simon Cook, Vasta Balei, Meline Carrere, Coumbis Hope Lowie.

Maquillage : Laura Colas.

Coiffure : Raphaël Perruques.

Remerciements à :
Aline, Les Rituelles.
Julia, Metamorpho'se Phyléa.
Elie Zinsou, Steven Bley.
Barbès Magazine.
Joanna Atik, Muratt Atik.
Pink Paradise.

Table

Composition : Utibi.
Achevé d'imprimer par Normandie Roto Impression s.a.s.
à Lonrai en octobre 2024.
Dépôt légal : novembre 2024.
N° d' impression : 2405784.

ISBN 978-2-207-18156-0 / Imprimé en France.

632492